# 인문학 따라 쓰기

명문으로 묻고 필사로 답하고

# 인문학 따라 쓰기

명문으로 묻고 필사로 답하고

초판 1쇄 인쇄 2016년 3월  8일
초판 1쇄 발행 2016년 3월 17일

**엮은이** 고정욱
**펴낸이** 조치영
**펴낸곳** 스크린영어사
**편집주간** 안단테 편집부
**디자인** 이즈플러스
**인  쇄** 삼성인쇄(주)

**주소** 서울특별시 관악구 대학동 1514번지
**전화** (02) 887-8416
**팩스** (02) 887-8591
**홈페이지** www.screenplay.co.kr

**등록일자** 1997년 7월 9일
**등록번호** 제16-1495호

# 인문학 따라 쓰기

명문으로 묻고 필사로 답하고

고정욱 엮음

차례

# 제1장 인생, 그 영원한 화두

# 제2장 사랑과 행복, 삶의 정원에 핀 꽃

# 제3장 깨달음, 지혜와의 만남

# 제4장 노력, 끝없는 자신과의 싸움

현대인은 외롭다. 온종일 직장이나 일터에 머물지만 파티션 넘어 마음 열고 대화 나눌 동료 한 사람 갖고 있지 못하다. 있는 것이라곤 그저 영혼 없는 업무 관련 대화를 나누고, 같은 공간에서 일정 시간 함께 머문다는 것뿐이다.

이럴 때 마음 붙일 곳을 찾아 마음이 방황한다. 영화나 드라마를 보면 공허하고 보는 그때뿐이다. 음악을 들어도 마찬가지다. 속을 털어놓을 사람을 찾지만 그들을 만나기가 쉽지 않다. 그렇다고 모든 마음의 문을 닫아걸고 들어앉을 수는 없다.

이런 우리에게도 진정한 친구가 있다. 그것은 바로 나 자신이다. 이덕무는 그의 글 '선귤당농소'에서 이렇게 말했다.

새벽에 눈이 온 날 혹은 비가 내리는 저녁에 좋은 친구가 오질 않으니 누구랑 더불어 이야기를 나누겠는가.

시험 삼아 내 입으로 글을 읽으니 이를 듣는 건 나의 귀다.

내 손으로 글씨를 쓰니 이걸 감상하는 것은 내 눈이다.

내가 나를 친구로 삼았으니 무엇이 부족한가.

내가 나에게 이야기하고 나의 글을 보고 쓰면 된다.

외로움은 아무 의미가 없다. 내가 나와 친구가 되기 때문이다.

컴퓨터 자판만을 두드리던 손의 기능을 되찾아야 한다. 그걸 위해서는 필사만이 답이다. 좋은 글을 골라 읽고 쓰면서 나의 마음을 가다듬는 일이다.

그간 나는 많은 책과 글로 세상과 소통해왔다. 재주는 얕고, 생각은 늘 짧았다. 그러면서 고집스럽게 나의 일을 이어 나갔다. 이쯤에서 인문학의 고전을 읽으면서 선인의 고뇌를 내 것으로 받아들이는 작업이 필요했다. 그것은 나의 초심을 확인하는 일이기도 했다.

동서고금의 고전 작품들의 좋은 글귀만을 추려서 필사할 수 있게 다듬는 일은 결코 쉬운 일이 아니었다. 하지만 선인들의 금쪽같은 경구와 문장이 나를 힘내게 했다. 시간 날 때마다 나의 손끝으로 한 구절 한 구절 따라 쓰면서 음미하다 보면 그 글귀가 나의 마음에 새겨질 것이다. 내 마음에 새겨진 글귀는 힘들고 어려울 때 감로수다. 선택의 순간에 나를 안내해주는 이정표이고 어둠 속의 등불이 되리라 믿어 의심치 않는다. 혹여 만에 하나 원문장의 의도를 잘못 전달했을 경우 독자의 많은 질정 바라 마지않는다.

2016년 초봄 북한산 기슭에서 고정욱

## 일러두기

- 본문의 문장은 필자가 최대한 현대인의 감각에 맞도록 다듬었다.
- 근대의 한글 문장은 최대한 원문을 살려 싣되, 맞춤법이나 표현은 현대에 맞게 수정했지만 원래의 글맛이 떨어지는 경우 그대로 두었다.
- 필사자들이 문장의 의미를 좀 더 잘 이해할 수 있도록 작가나 문장의 배경에 대해 자유롭고 간단하게 소개하였다.
- 여기 실린 글은 전문이 수록되지 않은 것도 있습니다.

제 1장

인생, 그 영원한 화두

# 별호 •나도향

가을에 나락이 누렇게 익어서 바람이 붊에 따라 이리 물결 치고 저리 물결치는 것을 볼 때 거기에서 구수한 향내가 나는 것도 같고, 가리를 지어서 척척 쌓아놓은 노적에서는 배부른 냄새가 나는 것 같기도 하다. 이것이 보통 얼른 생각하는 이가 나의 별호를 듣고 연상하는 것이겠지마는 나의 해석은 그와 다르다.

나락이라는 것은 우리가 얼른 보기에나 생각하기에 그리 신기할 것은 없다. 한 길에 금싸락 한 개가 떨어졌다 하면 그것을 집을망정 나락 한 알이 떨어졌다 하면 그것을 누가 집을 터이냐. 그러나 우리가 배가 고플 때 나락은 우리를 살릴지라도 금은 우리를 살리지 못할 것이다. 나락이란 그렇게 평범하고 우스꽝스럽지마는 또는 우리에게 가장 귀하고 고마운 것

1. 인생, 그 영원한 화두

이다.

　그와 마찬가지로, 세상에는 항상 우스꽝스럽고 대수롭지 않은 것이 가장 귀하고 고마운 것이 되는 것이다. 또는 단순하고 평범한 것에 항구불변(恒久不變)의 진리가 있다. 나는 이 점에 들어서 평범하고 대수롭지 않은 데서 향내를 맡는다는 의미로 도향(稻香)이라고 한다.

　내가 만일 나락을 먹지 않고 서양 사람 모양으로 밀가루로 만든 것을 많이 먹는 나라에 났더라면 밀향기로 별호를 지었을지도 모르지마는 조선에 난 까닭에 도향이요, 평범 단순한 것 중에 가장 인생의 절실히 필요하고 또는 우리가 먹어야 산다는 우스꽝스러워 보이는 진리가 가장 영원성이 있는 까닭에 내 별호가 도향이다. 이만하면 대개 의미가 통하여질 것 같다.

소설가 나도향의 본명은 경손(慶孫), 필명은 빈(彬)이다. 우리에게는 도향 즉, 벼의 향기로 알려져 있다. 풍매화인 벼에 향기가 있을 리 없지만 그는 이 호로 우리에게 널리 알려졌다. 이 글은 그런 호의 유래를 설명하고 있다.

1. 인생, 그 영원한 화두

# 아암기 ● 이용휴

나와 남을 견주어보자면 나는 가깝고 남은 멀리 있다.

나와 사물을 비교해본다면 나는 귀하고 사물은 다 쓸데없다. 그러나 이 세상은 반대로 친한 내가 타인의 명령에 따르고 있다. 고귀한 내가 천한 사물에게 부림을 당하고 있다. 왜 그럴까? 욕심이 밝은 정신을 가리고 습관이 진실을 감췄기 때문이다.

좋아하거나 미워하거나 기뻐하거나 화내는 감정, 이런저런 행동이 모두 남만 따라 하게 만든다. 스스로 줏대 있게 행동하지 못하게 되어버렸다. 심지어는 말을 하거나 웃는 표정조차도 남들의 노리갯감으로 바쳐버리고 있다. 생각이나 정신, 땀구멍과 뼈 마디마디 어느 것 하나 내 것이 없으니 부끄럽지 아니한가.

아암은 내 집(我菴)이라는 뜻이다. 조선 후기 실학자인 그는 이미 주자학이 체면과 겉치레에 빠져 학문으로서의 생생함이 사라져감을 느꼈다. 남의 시선에 얽매여 살면서 내 삶의 주인이 되지 못하면 얼마나 부끄러운 것인지를 설파하고 있다.

1. 인생, 그 영원한 화두

# 복숭아나무에 접을 붙이며 　　•한백겸

　우리 뒷산에 복숭아나무가 있다.

　꽃도 안 예쁘고 열매도 맛이 없으며 가지도 썩거나 부스럼이 나서 볼품이 없었다.

　지난봄 이웃의 박 씨가 와 붉은 복숭아 가지를 덧붙이니 그 꽃이 아름답고, 열매도 아주 굵게 열렸다.

　처음에 나는 한창 자라는 나무를 베어버리고 작은 가지 하나에다가 접목하는 것을 보고는 이치에 어긋난다고 생각했다. 그 뒤에 밤낮으로 싹이 나고 비와 이슬에 자라서 눈이 트이고 쭉쭉 뻗어나갔다. 얼마 되지 않아 울창하게 그늘을 드리울 만큼 자랐다. 금년 봄에 꽃과 잎이 많이 피고 홍라와 푸른 비단처럼 빛이 찬란하니 참으로 볼거리가 되었다.

귀하고 귀하구나.

나는 여기서 깨달은 바가 있다. 사물이 변화하고 고쳐져서 뭔가를 이룬다면 그것은 풀과 나무만 그런 게 아니고 내 몸에서도 가능하다. 악한 생각을 끄집어내어 버리기를 묵은 가지 잘라버리듯 해야 한다. 그리하여 착한 실마리가 싹이 나오도록 이어 붙여서 새로운 가지를 접붙이듯 해야 한다. 그 뒤에 뿌리를 잘 북돋아서 기르고 이치를 살펴서 가지와 잎도 충실하게 가꾸면 된다. 이것이 보통 시골 사람부터 성인에까지 나무 접붙이는 것과 다를 바가 없다.

주자학은 개인의 노력에 의한 도덕적 완성을 최우선의 목적으로 하지만 필자는 이런 해석에 반기를 들었다. 오히려 그는 개인의 도덕적 완성과 덕치(德治)는 국가의 제도적 기반이 마련되어야 한다는 사상을 가지고 있었다. 이 글에서도 복숭아나무의 접붙이기에 빗대 제도나 정책이 개인을 쓸모있게 만든다는 믿음을 드러낸다.

1. 인생, 그 영원한 화두

# 방심하는 마음이 생기면 위험하다   • 권근

　어떤 사람이 노인에게 물었다.

　"노인께서는 배만 타고 있는데 업으로 보면 낚싯대가 없고, 장사꾼으로 보면 물건이 없소. 그렇다고 손님을 태워 나르는 사공도 아니구려. 그저 물에서 한가운데에 오르고 내릴 뿐 손님을 실어 나르는 걸 보지 못했소이다. 작은 배에 의지해서 위험한 물 위에 떠서 지내고 있으니 바람이 불고 물결이 일렁입니다. 돛대는 기울고 노는 부러져 정신이 나가고 온몸이 떨리니 곧 죽을 것 같은 위험한 지경이지요. 그런데도 이를 즐기는 듯 멀리 나가서는 돌아오지 않고는 합니다. 대체 무슨 까닭이십니까?"

　노인이 대답했다.

　"그대는 이렇게 생각해본 적이 있소? 사람의 마음이란 변덕

스러운 것이어서 육지와 같이 흔들리지 않는 곳에 있으면 몸에 배고 방심이 됩니 다. 그러다 위험한 처지에 빠지면 두렵고 무서워 어쩔 줄 모르지요. 두려워하는 마음이 생기고 긴장을 하면 오히려 안전합니다. 그러나 안전하다고 해서 방심하고 있으면 위험이 따르게 되는 법. 나는 편한 곳에서 안주하기보다는 위험한 곳에서 모험하면서 늘 경계심을 늦추지 않아 오히려 안전을 꾀하고 있답니다.

게다가 배는 묶여 있는 것이 아니라 물 위에 떠있습니다. 한쪽으로 쏠리면 기울어지는 법이니 배를 무겁지도 않고 가볍지도 않게 해주고, 어느 쪽으로도 쏠리지 않도록 중심을 잡아주면 배는 균형이 잡힙니다. 풍랑이 아무리 세다 한들 마음의 평정까지 어지럽힐 수는 없습니다."

한문 수필이지만 그 문체와 방식은 질문 던지고 그에 대해 주장을 하여 깨달음을 얻게 하는 소크라테스의 산파술과 유사하다. 역설적인 인식으로 주제를 끌어내고 오래 생각할 여운을 주는 철학적인 글이다.

1. 인생, 그 영원한 화두

# 낙엽을 태우며 　•이효석

가을이다!

　가을은 생활의 계절이다. 나는 화단의 뒷자리를 깊게 파고 다 타버린 낙엽의 재를 — 죽어버린 꿈의 시체를 — 땅속 깊이 파묻고, 엄연(嚴然)한 생활의 자세로 돌아서지 않으면 안 된다. 이야기 속의 소년같이 용감해지지 않으면 안 된다.

　전에 없이 손수 목욕물을 긷고, 혼자 불을 지피게 되는 것도, 물론 이런 감격에서부터다. 호스로 목욕통에 물을 대는 것도 즐겁거니와, 고생스럽게, 눈물을 흘리면서 조그만 아궁이에 나무를 태우는 것도 기쁘다. 어두컴컴한 부엌에 웅크리고 앉아서, 새빨갛게 피어오르는 불꽃을 어린아이의 감흥을 가지고 바라본다. 어둠을 배경으로 하고 새빨갛게 타오르는 불은, 그 무슨 신성하고 신령스러운 물건 같다.

1. 인생, 그 영원한 화두

얼굴을 붉게 태우면서 긴장된 자세로 웅크리고 있는 내 꼴은, 흡사 그 귀중한 선물을 프로메테우스에게서 막 받았을 때, 태곳적 원시 그것과 같을는지 모른다.

나는 새삼스럽게 마음속으로 불의 덕을 찬미하면서, 신화 속 영웅에게 감사의 마음을 바친다. 좀 있으면 목욕실에는 자옥하게 김이 오른다. 안개 깊은 바다의 복판에 잠겼다는 듯이 동화 감정으로 마음을 장식하면서, 목욕물 속에 전신을 깊숙이 잠글 때, 바로 천국에 있는 듯한 느낌이 난다.

지상 천국은 별다른 것이 아니라, 늘 들어가는 집 안의 목욕실이 바로 그것인 것이다. 사람은 물속에서 나서 결국 물속에서 천국을 구하는 것이 아닐까?

낙엽을 태운다는 것은 자연의 순환 원리를 이해하는 것이다. 낙엽의 재가 다시 거름이 되어 새로운 낙엽으로 탄생하기 때문이다. 낙엽 하나를 태우면서도 깊은 사색과 상념을 통해 의미를 부여하는 문인의 멋진 삶을 엿볼 수 있다.

1. 인생, 그 영원한 화두

# 인생은 한 편의 시　•린위탕

　유년, 성년, 노년의 이 세 가지를 갖추고 있는 인생이 아름답지 않다고 누가 말할 수 있을까?

　하루에는 아침과 낮, 저녁이 있고 일 년에는 사계절이 있어 그 모습 그대로 좋지 않은가. 사람의 삶에는 선도 없고 악도 없다. 계절에 따르면 모두가 다 선이다. 그렇기에 우리가 생물학적인 인생관에 의하여 사계절에 순응하여 살아간다면 자부심이 강한 바보거나 황당한 이상주의자가 아닌 이상, 인생을 한 편의 시처럼 살아갈 수 있다는 것을 부정할 수는 없음이라.

　셰익스피어는 인생의 7단계에 관한 글에서 이 생각을 더욱 분명하게 드러낸 바 있다. 중국의 많은 문인도 비슷한 말을 한 적이 있다. 셰익스피어는 그다지 종교적이지도 않고 종교

에 관심도 없었다. 좀 이상하게 들릴지 모르지만 나는 이것이야말로 셰익스피어의 위대한 점이라고 생각한다. 셰익스피어는 인생을 있는 그대로 바라보았다. 그리고 그가 그린 사람들이 모두 있는 그대로의 모습인 것처럼 그는 지상 만물의 섭리에 대해서 아는 체한 적은 별로 없었다.

셰익스피어는 대자연 그 자체였다. 이것이야말로 우리가 세상의 문인이나 사상가에게 바칠 수 있는 최고의 헌사다. 그는 그저 살았고, 인생을 보았으며 죽은 것에 지나지 않는다.

린위탕(林語堂)은 중국 푸젠 성[福建省]출신으로 근대 지식인이다. 하버드대학교와 라이프치히대학교에서 진보된 학문을 공부하고 중국으로 돌아와 영어잡지의 편집자로 일했으며 영문 저서를 출간하고 중국의 역사와 철학에 대한 저술을 남겼다.

1. 인생, 그 영원한 화두

# 적벽부 •소동파

임술년 가을 7월. 나는 손님과 배를 띄우고 적벽 아래에서 놀았다.

맑은 바람이 천천히 불어오고 물결은 잔잔했으니 술잔 들어 권하며 밝은 달에 관한 시를 외우고 요조의 장을 노래한다. 잠시 뒤 달이 동산 위에 떠올라 북두성 사이를 떠돌아다닌다. 하얀 이슬은 강에 떨어지고 물빛은 하늘에 닿았다. 배가 가는 대로 맡겨 만 경의 넓은 곳을 떠도니 허공을 타고 바람을 탄 것만 같아 그치는 데를 알지 못하였다. 세상을 잊고 독립해서 날개 달아 신선이 되는 것 같더라.

이때 술 마시고 즐기기를 실컷 했다. 뱃전을 두들겨 노래를 부르니 "계수나무 삿대와 목란(木蘭)의 돛대는 허공을 가르고 유성을 거슬러 오른다. 나는 아득히 생각하며 아름다운 사람

을 하늘 저쪽에서 바라본다." 하니, 손님 가운데 피리 부는 자가 있어 그 곡조에 따라 연주한다. 그 소리 아름다워 원한을 품고 우는 것 같기도 하고 호소하는 것처럼 들리며, 남아있는 소리는 가늘면서도 끊이지 않아 실 같아, 깊은 골짜기 물속에 잠겨있는 용의 춤추는 그림자 같고, 외로운 배에서 과부가 혼자 우는듯했다.

옷깃을 바로 하고 단정하게 앉아 손님에게 물었다.
"어쩌면 그다지도 슬프단 말이오."
손님이 말하길,
" '달은 밝고 별은 드문데 오작이 남쪽으로 날아간다.' 이는 조조의 시가 아니겠소. 서쪽 하구를 바라보고 동쪽의 무창을 바라보니, 산천은 서로 이어져 푸르르다. 이는 맹덕이 주랑에게 곤욕을 당하던 때가 아니오. 바야흐로 형주를 깨뜨리고 강릉에서 내리 흐름을 따라 동쪽으로 음에 당해서는 충로가 천리에 이었고, 정기는 하늘을 덮었다. 술을 마시며 강에 임하여 창을 가로놓고 시를 지어 쓰니 진실로 일세의 영웅이다. 그런데 그는 지금은 어디에 있단 말인가?" 하였다.

당송 팔대가의 한 사람인 소동파는 아버지 소순, 동생 소철과 함께 '3소(三蘇)'라 일컬어진다. 그는 적극적이며 자각적인 문학관을 가지고 있다. 작가의 자연스러운 느낌을 중시한 명문이 바로 이 적벽부다.

1. 인생, 그 영원한 화두

# 자유에 대하여 　•에픽테토스

　인간에게 가장 큰 행복은 자유이다.

　만약 자유가 행복이라면 자유로운 인간은 불행할 수 없다. 어떤 사람이 불행으로 괴로워하고 신음하고 있다면, 그 사람은 자유로운 사람이 아니라고 생각하면 된다. 그는 반드시 누군가의 또는 무엇인가의 노예가 되어 있기 때문이다.

　만일 자유가 행복이라면, 자유로운 인간이 스스로 노예가 될 리 만무하다. 그러므로 만일 어떤 사람이 타인에게 굽실거리며 아첨하는 것을 보거든, 그 사람 또한 자유롭지 않다고 생각하면 된다. 그는 먹을 것을 원하거나 유리한 지위를 바라고, 그 밖에 뭔가 원래 자기 것이 아닌 무엇을 억지로 자기 소유로 만들려고 애쓰는 노예이다.

1. 인생, 그 영원한 화두

자유로운 사람은 자신이 아무런 방해도 받지 않고 지배할 수 있는 것만 지배한다.

　그런데 완전히 자유롭게 지배할 수 있는 것은 자기 자신뿐이다. 그러므로 만약 어떤 사람이 자기 자신이 아닌 남을 지배하고자 하는 것을 보거든, 그가 자유롭지 않음을 알라. 즉 그도 남을 지배하려는 욕망의 노예이기 때문이다.

고대 그리스 스토아 학파의 대표적인 철학자인 에픽테토스는 출생이 소아시아의 노예였으며 고문으로 인해 다리를 절었다. 노예 해방 뒤 청년들에게 의지의 철학, 실천하는 철학을 강조했다.

# 변명 •소크라테스

이제 세상 사람은, 아테네의 시민인 당신들이 아무 이유도 없이 현자 소크라테스를 죽였다고 말할 것이오, 사실 나는 전혀 현자가 아니지만, 그들은 당신들을 비난하기 위해서 아마 그렇게 말할 것이오.

"당신들이 소크라테스를 죽인 것은 어리석은 짓이었다. 그냥 내버려둬도 얼마 못 살 늙은 노인인데." 하고 말이오.

또 한 가지, 나에게 사형을 선고한 당신들에게 말하고 싶은 것이 있소. 당신들은 사형만 선고하면 내가 죽음을 면치 못할 거로 생각하겠지만, 그건 틀린 생각이오. 나는 죽음을 면하는 방법을 알지만, 그런 짓을 하는 것은 내 품위를 훼손할 따름이라는 걸 알기 때문에 실행하지 않을 뿐이오.

내가 울부짖고 소리치면서 온갖 추태를 부린다면 당신들이 좋아하리라는 건 알고 있소. 그러나 나는 물론이고 그 누구도, 부당한 방법으로 죽음을 면하려 해서는 안 되는 일이오. 어떤 위험에 처한다 해도 자존심만 버리면 죽음을 면할 방법은 있소. 죽음을 면하는 건 그리 어렵지 않지만, 악을 면하는 건 정말 어려운 일이오. 악은 죽음보다 빨리, 순식간에 우리를 사로잡아 버린다오.

나는 늙어 몸의 움직임이 둔해 이렇게 죽음에 포로로 잡혀 버렸소. 그러나 나에게 사형을 선고한 당신들은 아직 젊고 몸도 가볍지만 죽음보다 더 빠른 악에 사로잡혀 버렸소. 즉 나는 당신들의 선고로 죽음에 사로잡혔지만, 나에게 선고를 내린 당신들은 진리의 선고에 의해 악과 오욕에 사로잡힌 것이오. 그리고 나는 사형을 당하고 당신들은 당신들대로 벌을 받을 것이오. 이것도 인연이라고 한다면 뭐 그뿐이겠지요.

한 가지 더, 나를 고발한 당신들에게 말하고 싶은 것이 있소. 인간은 죽음 직전에 미래의 일이 아주 선명하게 보이는

법이오. 그래서 아테네 시민 여러분, 여러분에게 예언하려 하오. 여러분은 나의 죽음 직후에 당신들이 나에게 내린 선고보다 훨씬 더 끔찍한 벌을 받을 것이오.

다시 말해 여러분이 기대한 것과 정반대의 일이 일어날 거란 말이오. 나를 죽임으로써 여러분은, 여러분은 모르고 있겠지만 내가 지금까지 만류했던 비판자들이 쏘는 화살을 맞게 될 것이오.

그 비판자들은 아직 젊어서 혈기왕성한 만큼 여러분에게는 성가신 존재가 될 것이므로, 그들의 공격을 견디는 건 쉬운 일이 아닐 것이오. 그래서 여러분은 나의 죽음으로 자신들의 악한 생활에 대한 비난을 면치 못할 것이오. 이것이 나를 고발한 여러분에게 예언해두고 싶은 말이오. 사람을 죽여 놓고 비난을 면하기를 바랄 수는 없지요.

비난을 면할 수 있는 가장 간단하고 가장 실제적인 방법은 오직 하나, 더욱 선하게 사는 일이라오.

"악법도 법이다."라고 소크라테스가 죽기 전에 말한 거로 흔히 오해하지만, 그런 말을 소크라테스가 한 적은 없다. 단지 《소크라테스의 변명》에서 아테네인으로 죽겠다는 뜻이 아테네의 잘못된 법을 따르겠다고 해석되고 압축되어 그렇게 곡해된 것이다.

# 햄릿 •셰익스피어

사느냐 죽느냐 이것이 문제로다.

어느 쪽이 더 사나이다운가? 가혹한 운명의 화살을 맞아도 참아야 하는가? 아니면 밀려 들어오는 재앙을 온몸으로 막아 싸워서 없애야 하는가? 죽어서 잠든다? 그뿐이겠지. 잠들어 모든 것이 끝나 가슴 쓰린 번뇌와 육체의 고통이 사라진다면 그건 바라마지 않는 삶의 극치다.

죽어서 잠을 잔다? 잠이 들면 꿈을 꾸겠지. 이승의 번뇌를 벗어나 영원한 잠에 들었을 때 어떤 꿈을 꾸게 될지? 이게 망설임을 준단 말이냐. 그러니까 이 고해의 인생에 집착이 남는 법이지. 그렇지만 않다면 누가 이 세상에 사나운 채찍을 견디며 폭군의 횡포와 힘 있는 자의 멸시, 버림받은 사랑의 고통, 재판의 지연, 관리들의 오만함, 덕이 있는 자에게 가해지는

1. 인생, 그 영원한 화두

소인배들의 오만불손, 이 모든 것을 참고 지내겠는가. 한 자루의 칼이 있으면 쉽게 끝낼 수 있는 일. 그 누가 이 지리한 인생을 무거운 짐 지고 진땀 빼겠는가. 다만 한 가지 죽음 뒤에 불안이 남아 있으니까 문제다.

나그네가 한번 가서 돌아온 적이 없는 저 미지의 세계! 결심을 망설이게 하는 것도 당연하다. 알지도 못하는 저승으로 날아가느니 차라리 현재의 재앙을 받는 게 낫다. 이러한 걱정 때문에 우리는 더 비겁자가 되고, 결의에 찬 저 생생한 혈색도 파리한 병색에 그늘져 충천하던 의기도 흐름을 잘못 타서 마침내 실행하지 못하고 마는 것이 아닌가.

쉿! 어여쁜 오필리아여! 숲 속의 요정.
기도하거든 이 몸의 죄도 함께 용서를 빌어주시오.

*햄릿의 우유부단한 성격은 자칫하면 주인공 캐릭터로서 부족한 듯 보인다. 하지만 인간의 복잡다단한 삶에 비추어 보면 단순하게 하나의 성격으로 삶을 살 수 없기에 끝없이 딜레마에 빠져 망설이는 그 성격이야말로 탁월한 설정임을 알게 한다.*

# 우리를 슬프게 하는 것들    •안톤 시나크

우는 아이들은 우리를 슬프게 한다.
정원 한쪽 구석에서 찾은 작은 새의 주검 위에
초가을의 햇빛이 떨어질 때
대체로 가을은 우리를 슬프게 한다.
그래서 가을비는 처량하게 내리고 그리운 사람의 인적은 끊어져 거의 일주일 가까이 홀로 있을 때 아무도 살지 않는 옛 궁성.
그리하여 벽이 낡아서 흙은 떨어지고 어떤 문설주의 삭은 나무 위에 거의 해독하기 어려운 문자들을 볼 때,
몇 해고 몇 해고 지난 후에 문득 돌아가신 아버지의 서신이 발견될 때.

그곳에 쓰여있는 글,

"나의 사랑하는 아들아,

너의 행동이 나에게 얼마나 많이 잠 못 자게 하는 밤을 가져 오게 했는지……."

대체 나의 행동이 무엇이었을까.

혹은 하나의 헛된 말, 혹은 하나의 유치한 행동. 이제는 벌써 그 많은 죄를 기억에서 돌이킬 수가 없다.

그렇지만 그것 때문에 아버지는 애태우신 것이다.

독일의 문인인 그는 두 차례의 세계대전에 참전하면서 삶의 허무를 깊게 깨닫고 이 글을 썼다. 부모에게 속 썩이는 자녀였던 기억은 필자뿐만 아니라 인간이라면 누구나 갖는 공통의 아픔이다.

1. 인생, 그 영원한 화두

# 내면과 외면　　●아미엘

　운명은 두 가지 형식으로 우리를 파괴한다. 즉 원하는 것을 거부함으로써 파멸시킬 때가 있는가 하면 또 원하는 걸 들어줌으로써 파멸시키기도 한다.

　그러므로 사람이 파멸을 모면하는 방법은 단 하나다. 섭리에 따라서 자기의 욕망을 조절하는 것이다. 섭리에 순종하면 그 두 가지 파멸에서 동시에 구제되며 그 모든 것이 행복이 된다. 내가 지금 어디에 서있든 자신의 처지를 스스로 깔봐선 안 된다. 발 딛고 서있는 그곳에서 모든 시련을 극복해 나가야 한다.

　땅 위 어느 곳에 있더라도 우리는 창공과 무한대에서 본다면 같은 거리에 있다.

　자신의 내면을 너무 오랫동안 들여다보는 것은 마침내 자기

1. 인생, 그 영원한 화두

를 하나의 점이나 허무로 이끌어가는 불안전한 상태이다. 지나치게 자신을 분석하면 스스로 멸망을 초래한다. 내가 자신을 포기하게 되고 남들도 포기하게 된다. 흐트러진 부스러기 따위가 뭐 대수롭단 말인가.

그와 반대로 나를 외부로 향해 발산시켜 보자. 거기에 건강이 있다. 커다란 지구를 한 개의 원자로 냉각 축소할 수 있다면, 열에너지는 하나의 점을 지구만큼 크게 확대할 수 있지 않은가 말이다.

스위스의 작가인 그는 제네바대학교의 미학과 철학 교수이면서도 자신을 실패한 인생으로 여겼다. 그가 쓴 《내면의 일기 Journal intime》는 1847년부터 쓰기 시작하여 죽을 때까지 계속 기록한 걸작이다. 높은 지성과 예리한 감수성을 지닌 인간이 불신으로 가득 찬 시대에 대항하여 가치를 찾고자 투쟁하는 모습을 보여주는 글이다.

1. 인생, 그 영원한 화두

# 열정과 평화　●스딸 부인

　인생의 길은 긴 여행과도 같다.

　누구나 그렇게 생각한다. 인생은 어떤 과업이나 한 특정 장소에 얽매여 있지 않다. 그래서 만일 당신이 어떠한 감정이나 상황에 얽매여서 그 절대적인 지배 아래서 생활한다면 한 발자국 옮길 때마다 모든 게 다 걸림돌이 되며 불행으로 느껴진다. 그러지 말고 되도록 바람에 순응하면서 그때그때의 기쁨을 인생의 행복 전체와 분리시켜 따로따로 즐겨보자.

　이건 누구나 할 수 있다. 이처럼 욕심을 너무 부리지 않고 또한 후회를 성급하게 하지 않는다면 생활 속에는 우연이 가져다주는 독립된 즐거움이 충만하다는 것을 깨닫게 된다.

제네바 출신의 프랑스 수필가이며 소설가인 그녀는 프랑스대혁명을 옹호했다. 젊은 시절부터 유명 인사들과 교류했으며 나폴레옹을 반대했다. 프랑스를 벗어나 유럽 여기저기를 다니며 많은 사람과 교류했다.

1. 인생, 그 영원한 화두

# 인생의 축도   •생뜨 뵈브

사람은 누구나 젊은 시절에는 무한히 커다란 공간을 독차지한 것처럼 느낀다. 그러나 청춘이 지나가고 경험이 쌓이면 그 안에 생각했던 것보다 훨씬 더 가까운 곳에 다른 사람도 많다는 걸 알게 된다. 그리고 실제로 거의 모든 사람은 큰 차이가 없을 정도로 서로 고만고만한 상태에 이르고 만다.

그러면 나는 이렇게 말하고 싶다. 인생이란 처음에 출발할 때는 하나의 커다란 숲, 하나의 미로, 이리저리 길이 엇갈린 미궁이나 마찬가지다. 한동안 갈림길을 헤매며 자기 혼자서 다른 사람들에게서 엄청나게 멀리 떨어진 곳에 와있는 줄로 착각한다.

그러나 사실 무수한 길과 길은 서로 옆으로 스쳐 지나가고

1. 인생, 그 영원한 화두

있다. 모든 시행착오를 경험하고 나서 미로의 끝에 가면 모두 거기에서 만나기로 약속이라도 했던 것처럼 공터에 모여든다.

　인생은 누구나 다 성장을 문제 삼을 때가 있다. 그때는 성장이 중요하다. 그런데 사람들에게서 어떤 부분은 딱딱하게 굳고 또 어떤 부분은 썩어간다. 참으로 원만하게 성장하기는 쉽지가 않다.

프랑스의 문학평론가인 그는 르네상스 시대부터 19세기에 이르는 프랑스 문학 연구의 대가이다. 사회문제와 종교체험에 관심을 가져 자신만의 독특한 세계관을 가지게 되었다. 이 글도 그가 섭렵한 수많은 문학작품의 영향을 받아 쓴 글이라 하겠다.

# 침묵에 대하여　•추체프

오로지 침묵하고 감추어라
너의 감정과 꿈까지도!
네 영혼 깊이
그것을 키우고 심화시켜라
밤하늘에 빛나는 별처럼
그것을 사랑하며 침묵하라!

마음을 어떻게 표현해야 할까!

누가 이해하랴, 네 마음을
누가 이해하랴, 네 생명을
언어는 사상을 속이는 것
샘물은 흐림을 꺼리는 것

오직 침묵하고 생각하라!

이젠 고독을 배워야 한다
네 마음에는 한없는
만다라의 세계가 펼쳐지리니
떠들썩함은 마음의 귀를 막고
드러난 빛은 눈을 가린다
침묵 속에서 마음의 노래를 들어라

러시아의 서정 시인인 추체프는 자연을 테마로 한 철학시를 많이 썼다. 이 시도 그런 계열로 써 현실 세계와 이를 지배하는 카오스의 바다, 낮과 밤, 빛과 어둠, 선과 악, 사랑과 죽음 등의 상징으로 묘사했다.

제 2장

사랑과 행복, 삶의 정원에 핀 꽃

# 그믐달 •나도향

나는 그믐달을 몹시 사랑한다.

그믐달은 너무 요염하여 감히 손을 댈 수도 없고 말을 붙일 수도 없이 깜찍하게 예쁜 계집 같은 달인 동시에 가슴이 저리고 쓰리도록 가련한 달이다.

서산 위에 잠깐 나타났다 숨어 버리는 초생달은 세상을 후려 삼키려는 독부(毒婦)가 아니면, 철 모르는 처녀 같은 달이지마는 그믐달은 세상의 갖은 풍상을 다 겪고 나중에는 그 무슨 원한을 품고서 애처롭게 쓰러지는 원부(怨婦)와 같이 애절하고 애절한 맛이 있다.

보름의 둥근 달은 모든 영화와 끝없는 숭배를 받는 여왕 같은 달이지마는, 그믐달은 애인을 잃고 쫓겨남을 당한 공주와

같은 달이다.

초생달이나 보름달은 보는 이가 많지마는, 그믐달은 보는 이가 적어 그만큼 외로운 달이다. 객창한등(客窓寒燈)에 정든 임 그리워 잠 못 들어하는 분이나, 못 견디게 쓰린 가슴을 움켜잡은 무슨 한 있는 사람 아니면, 그 달을 보아 주는 이가 별로 없는 것이다. 그는 고요한 꿈나라에서 평화롭게 잠든 세상을 저주하며 홀로 머리를 풀어뜨리고 우는 청상과 같은 달이다.

내 눈에는 초생달 빛은 따뜻한 황금빛에 날카로운 쇳소리가 나는 듯하고, 보름달을 쳐다보면 하얀 얼굴이 언제든지 웃는 듯하지만, 그믐달은 공중에서 번뜩하는 날카로운 비수와 같이 푸른빛이 있어 보인다.

내가 한 있는 사람이 되어서 그러한지는 모르되, 내가 그 달을 많이 보고 또 보기를 원하지만, 그 달은 한 있는 사람만 보아주는 것이 아니라, 늦게 돌아가는 술주정꾼과 노름하다 오줌 누러 나온 사람도 보고, 어떤 때는 도둑놈도 보는 것이다.

어떻든지, 그믐달은 가장 정 있는 사람이 보는 중에 또는, 가장 한 있는 사람이 보아주고 또, 가장 무정한 사람이 보는 동시에 가장 무서운 사람이 많이 보아준다.

내가 만약 여자로 태어날 수 있다 하면, 그믐달 같은 여자로 태어나고 싶다.

달과 문학은 뗄래야 뗄 수가 없는 관계다. 이태백은 달을 따겠다고 물에 빠져 죽었다는 이야기가 돌 정도이다. 나도향의 이 글도 달을 사람에 비유해 자신의 여인상을 묘사하고 있다.

# 글로 이불 삼고 책으로 병풍 삼아 •이덕무

　지난 경신년, 신사년 겨울은 내 작은 초가집이 몹시 추웠다. 입김을 불어보면 금방 허옇게 얼어붙고 이불에서는 계속 들썩들썩 찬바람이 일었다. 그래서 게으른 내가 한밤중에 일어나 《한서(漢書)》한 질을 물고기 비늘처럼 이불에 얹으니 다소 추위를 막을 수 있었다. 그렇게 하지 않았더라면 거의 얼어 죽을뻔했다. 어젯밤에도 초가집 서북쪽 구석에서 매서운 바람이 문틈으로 새어 들어왔다. 그 서슬에 방 안에 켠 등잔불이 사정없이 흔들렸다. 잠시 궁리한 끝에 《노론》한 권을 뽑아 세워 문틈을 가렸다. 별로 힘들이지도 않고 바람을 막은 것이 대견했다.

　옛날 사람들이 가을꽃으로 이불을 꾸민 것은 신기한 걸 좋아했기 때문이다. 금, 은으로 새와 짐승을 수놓아 병풍 만든

것은 사치했기 때문이다. 그렇기에 이런 건 본받아서는 안 된다. 나는 한서로 이불을 꾸미고 노론으로 병풍을 쳤다. 급히 서둘러서 하긴 했지만 다 경서로써 만든 것이니 보기에 어떤가.

왕장이 새 덕석을 쓴 것이나 두보가 말 언치를 덮은 것보다 낫지 않은가.

이덕무는 조선 정조 때의 실학자이다. 학자는 공부하면서 늘 자신의 학문에 회의를 느낀다. 회의를 통해 끊임없이 자신을 연마하는 것이다. 이덕무 역시 살림살이는 돌보지 않고 책을 사 모으며 생활하는 자신을 스스로 조롱하며 이렇게 글로 적었다. 누구를 탓하지 않고 자신을 조롱하는 경지, 이것이야말로 선비의 경지다.

# 선귤당(蟬橘堂)에서    •이덕무

새벽에 눈이 온 날 혹은 비가 내리는 저녁에

좋은 친구가 오질 않으니

누구랑 더불어 이야기를 나누겠는가

시험 삼아 내 입으로 글을 읽으니

이를 듣는 건 나의 귀다

내 손으로 글씨를 쓰니

이걸 감상하는 것은 내 눈이다

내가 나를 친구로 삼았으니 무엇이 부족한가

유교에서는 신독(愼獨: 홀로 있을 때 삼가함)을 중요시한다. 혼자 있을 때 더더욱 몸가짐을
조심하는 것이다. 이덕무는 자신을 친구삼아 외로움을 달래며 이러한 글을 썼다.

# 질항아리의 덕성  ●이규보

　나에게 자그만 항아리가 하나 있는데 그것은 쇠를 두드리거나 녹여 만든 것이 아니다. 흙으로 빚어 불에 구워 만든 항아리다. 목은 잘록하고 배는 불룩하며 주둥이는 나팔인 양 벌어졌다. 닦지 않아도 항상 칠한 것처럼 검은빛이 난다.

　어찌 금으로 만든 그릇이라야만 보배일까. 질그릇이라 할지라도 추하지 않고 무겁지 않으며 가볍지도 않아서 한 손에 들기 알맞다. 게다가 값도 매우 싸 구하기가 쉽다. 그러니 깨진들 별로 아까울 것도 없다. 술은 한 말이 채 들어가지 않는데 가득 채워서 마시고 없으면 다시 부으면 된다. 진흙을 구워 깨끗이 만든 탓에 술맛이 변하지도 않고 깨지지도 않는다. 공기 또한 잘 통해서 마실 때 목이 막히지도 않는다.

잘 부어지는 까닭에 술을 부어 놓고 홀짝홀짝 마시기 편리하다. 기우뚱거리거나 엎어지지도 않고 채우기 쉽기 때문에 항상 술이 들어 있다. 이제까지 항아리에 담은 양을 따지면 몇 섬이나 될지 셀 수가 없을 정도다. 이는 겸허한 군자처럼 떳떳한 덕성이 조금도 간사하지 않은 것에 비할 만하다. 재물에 눈이 먼 소인은 욕심에 끝없이 욕심을 부리고 있다. 쌓아 놓기만 하고 남에게 베풀 줄은 모르면서도 늘 부족하다고 난리다.

그런데 자그마한 그릇은 쉽게 차서 금방 넘친다. 나는 이 때문에 늘 이 항아리를 옆에 놓아두고 너무 많이 채워 넘치는 것을 경계한다. 그러면서도 타고난 분수에 맞추어 한평생을 보내면 몸도 온전하고 복도 제대로 받을 것이다.

고려 최고의 시인라는 이규보. 그의 시인으로서의 관찰력과 의미 부여 능력이 경지에 올랐음을 이 시에서 보여준다. 자신을 질항아리에 비유한 것은 시인의 시적 감수성이 만들어낸 것이다.

# 청춘예찬 　•민태원

　청춘(靑春)! 이는 듣기만 하여도 가슴이 설레는 말이다.

　청춘! 너의 두 손을 가슴에 대고 물방아 같은 심장의 고동을 들어보라. 청춘의 피는 끓는다. 끓는 피에 뛰노는 심장은 거선(巨船)의 기관과 같이 힘있다. 이것이다. 인류의 역사를 꾸며 내려온 동력은 바로 이것이다. 이성은 투명하되 얼음과 같으며, 지혜는 날카로우나 갑 속에 든 칼이다. 청춘의 끓는 피가 아니라면 인간이 얼마나 쓸쓸하랴? 얼음에 싸인 만물은 죽음이 있을 뿐이다.

　그들에게 생명을 불어넣은 것은 따뜻한 봄바람이다. 풀밭에 속잎 나고, 가지에 싹이 트고, 꽃 피고 새 우는 봄날의 천지는 얼마나 기쁘며 얼마나 아름다우냐! 이것을 얼음 속에서 불러내는 것이 따뜻한 봄바람이다. 인생에 따뜻한 봄바람을 불어

보내는 것은 청춘의 피가 뜨거운지라, 인간의 동산에는 사랑의 풀이 돋고, 이상의 꽃이 피고, 희망의 놀이 뜨고, 열락(悅樂)의 새가 운다.

사랑의 풀이 없으면 인간은 사막이다. 오아시스도 없는 사막이다. 보이는 끝끝까지 찾아다녀도, 목숨이 있는 때까지 방황하여도 보이는 것은 거친 모래뿐일 것이다. 이상의 꽃이 없으면 쓸쓸한 인간에 남는 것은 영락(零落)과 부패뿐이다. 낙원을 장식하는 천자만홍(千紫萬紅)이 어디 있으며, 인생을 풍부하게 하는 온갖 과실이 어디 있으랴?

이상(理想)! 우리의 청춘이 가장 많이 품고 있는 이상! 이것이야말로 무한한 가치를 가진 것이다. 사람은 크고 작고 간에 이상이 있음으로써 용감하고 굳세게 살 수 있는 것이다.

석가는 무엇을 위하여 설산(雪山)에서 고행을 하였으며, 예수는 무엇을 위하여 황야에서 방황하였으며, 공자는 무엇을 위하여 천하를 철환(轍環)하였는가? 밥을 위하여서, 옷을 위

하여서, 미인을 구하기 위하여서 그리하였는가? 아니다. 그들은 커다란 이상, 곧 만천하의 대중을 품에 안고 그들에게 밝은 길을 찾아주며, 그들을 행복스럽고 평화스러운 곳으로 인도하겠다는 커다란 이상을 품었기 때문이다.

그러므로 그들은 길지 아니한 목숨을 사는가 싶이 살았으며 그들의 그림자는 천고에 사라지지 않는 것이다. 이것은 가장 현저하여 일월과 같은 예가 되려니와, 그와 같지 못하다 할지라도 창공에 반짝이는 뭇 별과 같이, 산야에 피어나는 군영(群英)과 같이, 이상은 실로 인간의 부패를 방지하는 소금이라 할지니, 인생에 가치를 주는 원질이 되는 것이다.

이상! 빛나는 귀중한 이상! 그것은 청춘의 누리는 바 특권이다. 그들은 순진한지라 감동하기 쉽고, 그들은 점염(點染)이 적은지라 죄악에 병들지 아니하고, 그들은 앞이 긴지라 착목(着目)하는 곳이 원대하고, 그들은 피가 더운지라 실현에 대한 자신과 용기가 있다. 그러므로 그들은 이상의 보배를 능히 품으며 그들의 이상은 아름답고 소담스러운 열매를 맺어, 우

리 인생을 풍부하게 하는 것이다.

보라, 청춘을! 그들의 몸이 얼마나 튼튼하며, 그들의 피부가 얼마나 생생하며, 그들의 눈에 무엇이 타오르고 있는가? 우리 눈이 그것을 보는 때에, 우리의 귀는 생의 찬미를 듣는다. 그것은 웅대한 관현악이며, 미묘한 교향악이다. 뼈 끝에 스며들어가는 열락의 소리다. 이것은 피어나기 전인 유소년에게서 구하지 못할 바이며, 시들어 가는 노년에게서 구하지 못할 바이며, 오직 우리 청춘에게서만 구할 수 있는 것이다.

청춘은 인생의 황금시대다. 우리는 이 황금시대의 가치를 충분히 발휘하기 위하여, 이 황금시대를 영원히 붙잡아 두기 위하여 힘차게 노래하며 힘차게 약동하자.

가지고 있을 땐 귀한 줄 모르고 지나고 나면 절대 다시 가질 수 없는 것이 청춘이다. 청춘예찬은 바로 그러한 젊음의 가능성과 젊음의 소중함을 이야기하고 있다. 젊음 그것은 이 세상 그 무엇보다도 큰 재산이며 가능성이다.

# 어린이 예찬　●방정환

　어린이가 잠을 잔다. 내 무릎 위에 편안히 누워서 낮잠을 달게 자고 있다.

　볕 좋은 조용한 오후다. 고요한 것을 모두 모아 그중 고요한 것만을 골라 가진 것이 어린이의 자는 얼굴이다. 평화라는 평화 중에 그중 훌륭한 평화만을 골라 가진 것이 어린이의 자는 얼굴이다. 아니 그래도 나는 이 고요히 자는 얼굴을 잘 말하지 못하였다. 이 세상의 고요하다는 고요한 것은 모두 이 얼굴에서 우러나는 것 같고, 이 세상의 평화라는 평화는 모두 이 얼굴에서 우러나는 듯싶게 어린이의 잠자는 얼굴은 고요하고 평화롭다.

　고운 나비의 나래 비단결 같은 꽃잎, 아니 아니 이 세상의 곱고 보드랍다는 아무것으로도 형용할 수 없이 보드랍고 고운

이 자는 얼굴을 들여다보라.

그 서늘한 두 눈을 가볍게 감고 이렇게 귀를 기울여야 들릴 만큼 코를 골면서 편안히 잠자는 이 좋은 얼굴을 들여다보라.

우리가 종래에 생각해오던 하느님의 얼굴을 여기서 발견하게 된다. 어느 구석의 먼지만큼이나 더러운 티가 있느냐? 어느 곳에 우리가 싫어할 한 가지 반 가지나 있느냐. 죄 많은 세상에 나서 죄를 모르고 부처보다도 예수보다도 하늘 뜻 그대로 산 하느님이 아니고 무엇이랴.

아무 꾀도 갖지 않는다. 아무 획책도 모른다. 배고프면 먹을 것을 찾고 먹어서 부르면 웃고 즐긴다. 싫으면 찡그리고 아프면 울고 거기에 무슨 꾸밈이 있느냐. 시퍼런 칼을 들고 핍박하여도 맞아서 아프기까지는 방글방글 웃으며 대하는 이다.

이 넓은 세상에 오직 이이가 있을 뿐이다.
오오, 어린이는 지금 내 무릎 위에서 잠을 잔다. 더할 수 없는 참됨과 더할 수 없는 참함과 더할 수 없는 아름다움을 갖

추고 그 위에 또 위대한 창조의 신까지 갖추어 가진 어린 하느님이 편안하게도 고요한 잠을 잔다.

　옆에서 보는 사람의 마음속까지 생각이 다른 번루한 것에 미칠 틈을 주지 않고 고결하게 순화시켜준다. 사랑스럽고도 부드러운 위엄을 가지고 곱게 곱게 순화시켜준다.

　나는 지금 성당에 들어간 이상의 경건한 마음으로 모든 것을 잊어버리고 사랑스러운 하느님 - 위엄뿐만의 무서운 하느님이 아니고 - 의 자는 얼굴에 예배하고 있다.

방정환은 어린이를 단순히 성인이 되지 않은 아이로 보지 않았다. 먼 훗날 조국의 독립을 위해 싸울 미래의 인재로 보았기에 귀하게 여겼다. 어린아이를 격식을 갖춰 부르는 말인 '어린이'를 처음 사용하였다.

# 신사론　　•루쉰

쇼펜하우어는 일찍이 신사를 고슴도치에 비유했다.

생각해보면 이는 신사의 체면을 깎는 이야기이나 그로써 본다면 별로 악의를 가지고 한 이야기는 아니다. 비유로 인용했을뿐이다.

'한 무리 고슴도치가 겨울에 체온으로 추위를 막고자 서로 가까이 다가갔다. 그러나 그들은 곧 서로의 가시에 찔려 다시 떨어졌다. 하지만 따뜻해지기 위해 그들은 다시 가까이 다가갔다. 그랬더니 다시 고통을 맛보았다. 그들은 추위와 가시 찔림이라는 이 두 가지 난처함에서 마침내 서로의 적당한 거리를 발견하였다. 그리고 고슴도치는 그 거리를 보존하면 가장 편안하게 지낼 수 있다는 것을 알게 되었다.' 한다.

사람은 사람 사귀려는 욕망 때문에 모여들지만, 각자 혐오

하고 싫어하는 견디기 어려운 타인의 결함을 발견한다. 그래서 그들은 다시 떨어져 나간다. 그들이 최후에 발견한 거리 – 그들을 한곳에 모을 수 있는 적당한 거리가 곧 예양(예의와 양보)과 상류사회의 풍습이다.

만일 이 거리를 어기는 자가 있으면 영국에서는 이렇게 부르짖었다.

"Keep your distance!"

하지만 그렇게 부르짖는다 해도 그것은 아마 고슴도치 사이에서나 효과가 있을 것이다. 예를 들어 고슴도치 중에 가시 없는 놈이 하나 섞여 있다면 아무리 부르짖어도 그들은 몰려들 게 분명하다.

중국 근대문학의 아버지인 루쉰은 원래 의대생이었다. 일본에 유학 갔던 그는 일본인들이 중국인을 조롱하는 것을 보며 크게 깨닫고 고향으로 돌아 중국의 병을 고치는 의사가 되기로 작정한다. 그의 글은 중국의 현실을 사정없이 비판하며 백성들의 각성을 촉구한다. 대표작품으로 《아큐정전》이 있다.

# 아들을 위한 기도　•더글러스 맥아더

내게 이러한 아들을 주소서

약할 때 자신을 돌아볼 줄 아는 여유와
두려울 때 자신을 잃지 않는 담대함을
정직한 패배에 부끄러워하지 않고
승리했을 때 겸손하고 온유한 아들을 내게 주소서

생각할 때 고집부리지 않게 하시고
주를 알고 자신을 아는 것이 지식의 기초임을
아는 자녀를 내게 허락하소서

원하오니 그를 평탄하고 안이한 길로 인도하지 마옵시고
고난에 맞닥뜨려 분투 항거할 줄 알도록

인도하여주소서

그리하여 폭풍우 속에서는 용감하게 싸울 줄 알고
패자를 관용할 줄 알도록 가르쳐주소서

그 마음이 깨끗하고 그 목표가 높은 아들을
남을 정복하기보다 먼저 자신을 다스릴 줄 아는 아들을
미래를 바라보지만 지난날을 잊지 않는
아들을 내게 주소서

이런 것을 허락하신 다음 유머를 알게 하시고
생을 엄숙히 살아감과 동시에
생을 즐길 줄 알게 하소서

자신에게 지나치게 집착하지 말게 하시고
겸허한 마음을 갖게 하시어
참된 위로에서 오는 소박함이 있음을 알게 하시고
참된 지혜는 열린 마음에 있으며

힘은 온유함에 있음을 명심하게 하소서

그리하여 아비인 제가 어느 날 아들을 보며
인생을 헛되게 살지 않았노라
고백할 수 있도록 도와주소서

전쟁 영웅 더글러스 맥아더 역시 운명을 뜻대로 하지 못했다. 48세에 비로소 아들을 얻게
되니 그 기쁨은 하늘을 찌를 듯했으리라. 이 기도는 그러한 귀한 아들을 위한 것이다.

# 싸구려 상품 사들이기 •새뮤얼 존슨

　항상 더 많은 것을 가지려는 사람에게 흔히 있는 공통된 악덕은 이미 그것을 소유하고 있다는 사실을 잊어버리는 데 있다.

　그런데 이 결론이 나의 사랑하는 아내에게는 전혀 보이지 않는다. 그녀의 일생을 통해서 가장 큰 관심거리는 모든 물건을 구입한 순서에 따라서 차례대로 사용하는 일이다. 이따금 사람을 불러, 이미 기능을 상실한 여섯 개의 시계를 고치게 하고, 다락방에 녹이 슨 불고기 회전기 여섯 개를 닦으라고 시킨다. 닦은 뒤에는 이 낡은 기구들은 다시 또 녹슬기 위해 캄캄한 다락 속으로 되돌아간다.

　내 아내는 또한 그 모든 물건이 훗날 요긴하게 쓰일 거라고 믿고 있다. 이를테면, 큰 거울이 네 개나 있는데, 지금 사는 집에는 걸 장소가 없지만, 천정이 훨씬 더 높은 방에다 걸면

매우 훌륭할 것이라고 한다. 어떤 창고에다 보관료를 지불하면서 커다란 놋그릇을 맡겨 두고 있는데 이것은 언젠가 시골에 가서 살게 될 때 맥주를 집에서 만들기 위한 것이라고 한다.

이런 생활 속에서 나는 오랫동안 권태를 느끼고 있다. 그렇지만 어떻게 할 방법이 없다. 결혼한 친구들에게 의논하면, 누구나 다 인내를 충고할 뿐이다. 그러나 몇몇 늙은 독신자의 의견은 아내가 그렇게나 대매출을 좋아한다면 자기 소지품을 대매출하는 게 옳다는 것이다. 그래서 나는 아내가 사 모은 물건을 풀어서 경매 광고를 낼 작정이다.

영국 최초로 영어사전을 만들어 영문학 발전에 크게 이바지한 사람이 이 글의 필자인 새뮤얼 존슨이다. 그의 아내는 사치와 낭비벽이 심한 사람이었나 보다. 그리하여 이렇게 풍자적이며 해학적인 글을 남기는 것이다.

# 예술의 고향   •밀레

자연의 취향이 보존된 듯한 어떤 부분을 보충한다든가, 자연의 착오를 바로잡을 수 있다고 생각하는 사람은 무척 오만한 사람이거나 어지간히 어리석은 사람이다. 도대체 그들은 어디에서 그런 권한을 얻었다는 것일까. 자연을 그 정도밖에 사랑하지 않고, 그 정도밖에 전념하지 않는 사람에 대해서 자연은 결코 그 완연한 모습을 보여주지 않고 다시금 껍질 속으로 숨어버리게 될 것이 분명하다.

자연은 그런 사람들에 대해서는 조심스럽게 경계를 하지 않을 수 없을 테니까. 그 결과 그들은 다음과 같이 말하게 된다.
"그거 뭐 별게 아니로군, 내 마음대로 안 될 바에는 욕이나 해줘야겠다."
여기에서 저 옛날 예언자의 말이 그대로 들어맞는다.

"신은 오만한 자를 거부하고 겸손한 자에게 은혜를 베풀어
준다."

사람은 어느 곳에서 출발하든지 숭고한 경지에 다다를 수
있다. 그리고 높은 안목만 있으면 지상에 있는 모든 사물이
숭고함을 표현하기 위한 적절한 소재가 된다. 그러므로 당신
이 무엇인가를 열렬하게 사랑하기만 하면, 거기에는 반드시
독특한 아름다움이 포착될 것이고, 또한 그것은 남에게도 공
통되는 아름다움이 되는 것이 당연한 이치이다.

따라서 사람은 제각기 독특한 아름다움을 찾아내야 한다.
자연의 보고 속에서 일반적인 아름다움을 끌어내는 게 아니
다. 어떤 일정한 상황에 가장 적합한 아름다움을 찾아내는 것
이어야 한다.

모든 사물은 각각 그 적합한 시간과 장소를 얻을 때 비로소
완연한 모습을 나타낸다. 그저 일반적인 견지에서 감자는 석
류만큼 아름답지 못하다고 말하는 것은 무의미하다. 각각 그
개별적인 상황을 무시하고 누가 그것을 단정할 수 있을까.

예술이란 원래 자연이 만들어낸 것이다. 인위적인 예술이 최고의 목적인 것처럼 생각하게 된 순간부터 데카당스(퇴폐주의)가 시작되었다. 그리하여 오늘날 사람들은 시선을 자연으로 향하는 데 진정한 예술의 형식이 있다는 것을 망각하고, 기교를 본받는 일에만 애쓰고 있다.

바르비종파의 창립자인 밀레는 이삭줍기, 만종 등 농부의 일상을 그려 유명해졌다. 사실주의와 자연주의자로 불리고 있는 그는 자연의 아름다움을 제대로 그려내는 것이야말로 진정한 화가들의 소명이라고 주장했다.

# 어린 왕자　　•생텍쥐페리

"길들인다는 것이 무슨 뜻이지?"

어린 왕자가 말했다.

"그것은 흔히들 자주 잊어버리고 있는 것인데, 말하자면 '익숙해진다'는 그런 뜻이야."

여우가 말했다.

"익숙해진다고?"

어린 왕자가 말했다.

"그래."

여우가 말했다.

"나한테 너는 수많은 다른 소년과 다를 바 없는 아이일 뿐이야. 그리고 난 너를 필요로 하지 않고, 너도 날 필요로 하지 않지. 너에게 있어 나는 수많은 다른 여우와 똑같은 한 마리 여우일 뿐인 거지. 하지만 네가 나를 길들인다면 우리는 서로

가 필요해질 거야. 난 너에게 이 세상에 오직 하나밖에 없는
존재가 될 테니까.”

“아름다운 사막이야.”
어린 왕자가 말했다.
사실이었다. 나는 언제나 사막을 좋아했다. 모래언덕에 앉
아 있으면 아무것도 보이지 않고, 아무 소리도 들리지 않는다.
그런데 그 적막 속에 무언가 반짝이는 것이 있다.
“사막이 아름다운 것은 어딘가에 우물을 감추고 있기 때문
이지.”

비행기 조종사이면서 동시에 문학가인 생텍쥐페리야말로 요즘 이야기하는 융복합의 신화
라 하겠다. 비행하면서 느끼고 본 것을 문학으로 형상화한 그의 작품은 오늘날 고전의 반열
에 올라가 있다.

2. 사랑과 행복, 삶의 정원에 핀 꽃

# 프랑스인의 사랑   •스탕달

중세는 그렇지 않았다. 남자들이 솔직하고 용감했다.

왜 그랬을까? 중세는 사람들이 모험할 기회가 많았다. 그 위험성 때문에 남자들의 마음이 단련되었다. 그들은 허영심 같은 것을 갖고 놀 이유가 없었다. 인간의 독창성도 지금 와서는 매우 보기 드물 뿐 아니라 간혹 눈에 띄는 것도 오히려 우습고 눈에 거슬려 보이지만, 그 당시 사람들은 솔직하고 진지했다. 지금도 자주 위험한 나라라 여겨지는 코르시카나 스페인, 이탈리아와 같은 곳은 위대한 인물, 위대한 열정이 나올 수 있다. 파리에서는 안일함과 유행이 세상을 휩쓸어서 인간의 원동력이 위축된 게 아닌가 싶어 난 걱정스럽다.

사랑은 아름다운 꽃이다. 하지만 그것은 위험한 절벽 끝에 피어 있는 꽃이다. 감히 위험을 무릅쓰고 가장자리까지 가서

따지 않으면 안 된다.

　남의 눈에 어떻게 보일까 하는 마음의 여유가 있을 때는 이미 허영심이 작용하고 있거나 용기가 부족하다는 증거다. 설사 남들이 비웃어도 두려워하지 않는 용기가 있어야 한다.

　인생의 다른 보배는 모두 공허한 것으로 생각할 만큼 오직 그 사랑에 대해서만 헌신적이어야 한다는 것이다. 그러나 현대의 프랑스 젊은이들은 사랑을 두려워하고 있다. 낭떠러지의 꽃을 따러 가지 못한다. 소설에서 보면 사랑하는 남자는 당연히 모험을 해야 하는데 자기도 그렇게 해야 한다는 생각만 해도 몸이 떨린다고 한다.

　정열의 폭풍은 바다의 물결을 소란하게도 만들지만, 그와 동시에 돛에 바람을 가득 담아 그 거친 파도를 넘어가는 원동력을 주기도 한다. 지금의 프랑스 젊은이들은 마음이 냉정하고 위축되어 그 이치를 잊어버리고 있는 것이다.

우리에게 《적과 흑》으로 유명한 스탕달은 평생 행복의 이미지를 추구했으나 그는 결코 행복하지 못했다. 그러나 그 이유를 이해하려 애쓴 적도 없다. 그의 작품은 심리적이고 정치적인 통찰로 가득하다.

# 사랑의 노래 ●바울

내가 이제 가장 좋은 길을 그대들에게 보여주겠다.

내가 사람의 말과 천사의 말을 할지라도 사랑이 없으면 나는 울리는 징과 꽹과리 같다.

내가 예언자의 능력을 가졌다 하더라도 모든 신비를 깨달았다 하더라도, 모든 지식을 내 것으로 했다 하더라도, 그리고 산을 움직일 만한 믿음을 가졌다 하더라도, 그리고 내 몸을 내주어 불태우게 하더라도, 사랑이 없으면 나는 아무것도 아니다.

사랑은 오래 참는다
사랑은 친절하다
시기하지 않는다
자랑도 하지 않는다

무례히 행동하지 않는다

자기 이익을 구하지 않는다

성내지 않으며 불의를 기뻐하지도 않는다

그리고 진리와 함께 즐거워한다

모든 것을 덮어준다

모든 것을 믿는다

모든 것을 바란다

모든 것을 견뎌낸다

사랑은 영원하다


그러나 예언도 사라지고 방언도 그치고 지식도 사라진다. 우리가 아는 것은 온전하지 못할 뿐이다. 온전한 것이 올 때 온전하지 못한 것은 사라진다.

내가 어렸을 때는 말하는 것이 아이와 같았다. 깨닫는 것도 아이와 같았다. 생각하는 것도 그랬다. 그러나 어른이 되어서는 어린아이의 일을 다 버렸다.

우리는 지금 거울 속의 영상같이 희미하게 본다.

그러나 그때에는 얼굴과 얼굴을 맞대고 보게 될 것이다. 지

금 나는 어느 부분밖에 알지 못한다. 그러나 그때가 되면 하느님께서 나를 아시는 것처럼 내가 온전히 알게 될 것이다.

  그러므로 믿음과 소망, 사랑 이 세 가지는 언제나 있을 것이다. 그런데 그 가운데서도 제일은 사랑이다.

오늘날 기독교가 세계적인 종교가 된 것에는 사도 바울의 역할이 컸다. 바울이 크게 대오 각성하여 기독교 신자가 되어 그 종교를 널리 전파했기 때문에 가능한 것이다. 이 유명한 글도 그가 고린도 사람들에게 쓴 편지에 들어있다.

제 3장

깨달음, 지혜와의 만남

# 소 타는 이야기  •권근

　내 친구인 이주도라는 선비는 평해 사람이다. 달이 밝은 밤이면 술병 들고 소를 타고 나가 노닌다. 그가 이렇게 즐거워하는 이유는 옛날 사람들도 알지 못했던 묘미를 깨우쳤기 때문이다.

　사람이 사물을 볼 때 너무 빨리 보게 되면 그 사물이 거칠다. 천천히 들여다보면 그 묘한 것을 다 들여다볼 수 있다. 말은 빠르고 소는 느리다. 그가 소를 타는 것은 그 느린 것을 보기 위해서이다.

　생각해보면 밝은 달이 떠오르고 산이 높은데다가 물이 넓으면 천지가 한 색깔이다. 하늘을 보나 땅을 보나 막힘이 없을 것이다.

　비유하자면 이 세상 만사는 뜬구름이고, 서늘한 바람에 휘

파람을 불어서 즐거워하듯, 소 가는 대로 맡긴 뒤에 생각날 때마다 술병을 기울이니 가슴이 탁 트여 즐겁지 않겠는가.

이는 사사롭게 얽매여 있는 자로서는 절대 가능한 일이 아니다.

느림의 미학은 서양만의 것이 아니라 우리 선조도 일찍이 경험한 것이다. 미음완보(微吟緩步)가 그것이니 낮게 읊조리고 천천히 걷는 것이 바로 건강은 물론 삶의 속도를 조절하는 길임을 알고 있었다.

# 어리석은 말 ●이덕무

산속에 숨어 살면서 유명해지려고 하는 것은 큰 부끄러움이다. 사람 사이에 섞여 살면서 유명해지려고 하는 것은 작은 부끄러움이다.

산속에 숨어 살면서 숨어 사는 것에 마음을 두는 것은 아주 큰 즐거움이다. 사람 사이에 섞여 살면서 숨어 사는 데 마음을 두는 것은 작은 즐거움이다.

즐거움이 작든 크든 그것은 다 즐거움이며 부끄러움이 작든 크든 그것은 다 부끄러움이다.

그런데 큰 부끄러움을 가지고 사는 사람은 백 명이라면 반이요, 작은 부끄러움을 갖고 사는 자는 백 명이면 백 명 전부

다. 큰 즐거움을 누리는 자는 백 명 가운데 서너 명쯤 되고 작은 즐거움을 누리는 사람은 백 명에 하나 있거나 아예 없다.

참으로 귀한 것은 작은 즐거움을 누리는 자이다.

사람 사이에 섞여 살면서 숨어 사는 데에 마음을 두는 이 작은 즐거움을 가장 높다고 친 나는 세상 모르고 하는 소리인지도 모르겠다.

선인들이 고향으로 돌아가서 초야에 묻히는 형태가 여러 가지이다. 완전히 사라지는 사람이 있는가 하면 수시로 글을 쓰거나 사람을 불러 자신의 존재를 확인시키는 사람도 있다. 그런 행태를 저자는 비꼬고 있다.

# 사람을 대하는 법 •이이

누군가 나를 훼방 놓는다면 나를 반성해야 한다.

내게 잘못이 있다면 스스로 꾸짖고 전후 사정을 가려서 누가 잘못했는지 알고 고치는 것을 두려워하지 말아야 한다. 내 잘못이 아주 작은 것을 누가 부풀려 이야기한 것이라면 그가 한 말이 비록 과장되었다 할지라도 사실은 내가 비난받을 근거가 있는 것이다. 마땅히 지난 허물을 파헤쳐서 말끔히 씻어 없애야 한다.

내가 본래 잘못이 없는데도 거짓말했다면 그는 정신 나간 사람일 뿐이다. 정신 나간 사람과 무슨 시시비비를 가릴 것인가. 그 거짓말은 바람이 지나가는 것도 같고 구름이 허공을 떠가는 것 같으니 나와 아무 상관 없다.

대개 누군가가 나를 모함하면 고칠 것은 고치고 고칠 것이 없을 때면 더욱 힘쓰게 되니 이롭지 않겠는가.

모든 것은 마음먹기에 달렸다는 '일체유심조(一切唯心造)사상'과도 흡사하다. 세상의 모든 자극과 외부적 환경은 결국 내가 느끼는 것이기에 나를 갈고닦는 계기로 삼자는 이이의 깨달음이 잘 드러난다.

# 비방을 대하는 법   •김충선

남이 잘하면 칭찬해주어라.
잘못하면 덮어주어라.
남이 나를 해치려 해도 맞서지 말아라.
남이 비방해도 참아라.
그러면 해치려던 자가 스스로 부끄러워하고
험담하던 자들도 그만둘 것이다.

김충선(金忠善)은 임진왜란 때 조선에 귀화한 일본군 장수다. 요즘으로 치면 망명자이거나 이민자로서 수많은 손가락질과 편견에 시달렸을 것이다. 그런 차별과 편견에 대처한 자세가 이 글에 절절히 묻어난다.

# 예기

•공자

현명한 사람은 한쪽으로 치우치지 않는다.

자신과 사물을 공경하며 사려 깊게 말한다면 모든 백성을 편안하게 한다. 오만한 마음을 길러선 안 되며 욕심이 날뛰도록 내버려 둬서도 안 된다. 또한, 자신이 바라는 것을 채우려 해서는 안 되고 그 끝이 다하도록 즐거움을 누려서도 안 된다.

현명한 사람은 친하게 지내면서도 공경하고 두려우면서도 사랑하고 사랑하면서도 그 나쁜 것을 알고 미워하면서도 그 착한 것을 안다. 쌓아두었어도 나눌 줄을 알고, 편안함을 즐길 줄 알지만 옮겨야 할 때는 마땅히 옮길 줄을 안다.

재물에 있어서는 구차하게 얻으려 하지 말고, 어려운 일에 놓이게 되면 구차하게 모면하려 하지 마라. 싸울 때도 상대방을

이기려 하지 말고, 물건 나눌 때는 다른 사람보다 많이 가지려고 하지 마라. 의심나는 일이 있다면 자신이 바로 결정하지 말고 자신의 의견을 곧게 가지되 고집하지는 마라.

인간의 본성을 예로 다스려야 한다는 공자의 사상이 잘 드러나 있다. 엄밀히 말하면 예기를 공자가 직접 쓰지는 않았다. 그의 가르침을 들은 후학들이 모은 책이다.

3. 깨달음, 지혜와의 만남

# 어부사 •굴원


굴원이 벼슬이 떨어져 강가에서 머물며 시를 읊조릴 때였다.

그 얼굴은 초췌하고 몸은 바짝 말라 있었다. 어부가 그를 보고 물었다.

"그대는 삼려대부가 아니시오. 어쩌다 이 지경에 이르셨소?"

그러자 그가 대답했다.

"세상이 온통 흐린데 나만 홀로 맑아 이렇습니다. 모든 사람이 술 취했지만 나 혼자 깨어있어서 그로 인해 밀려났습니다."


어부가 말했다.

"성인은 상대에게 얽매이지 않고 세속과 함께 옮겨가니 세상 사람이 모두 흐리다 하면 그 진흙탕을 휘저어서 그 앙금을 일으키지 않아야 하오. 사람이 다 취해있으면 그 술 찌꺼기를

먹고 막걸리를 마시면 될 일이오. 무슨 까닭으로 깊이 생각하고 고상한 척해서 스스로 쫓겨났소?"

굴원이 대답했다.

"내가 들으니 새로 머리 감은 사람은 반드시 갓을 털고 새로 목욕한 사람은 옷을 턴다고 했습니다. 어떻게 깨끗함으로 상대의 더러운 것을 받아들일 수 있겠습니까? 차라리 물에 뛰어들어 물고기 밥이 될지언정 깨끗함으로 세속의 먼지를 뒤집어쓸 수는 없습니다."

어부가 빙그레 웃고 노를 저어 떠나며 노래했다.
"물이 맑으면
나의 갓끈을 씻으면 되고
물이 흐리면
발을 씻으면 된다네."
그리고 떠나서 더는 이야기할 수 없었다.

이 글을 읽으면 어부가 진정한 강호의 도인인 것 같다. 그러나 자세히 살펴보면 굴원이 어느 어부에게 들었다면서 이야기를 만들어 그의 입으로 자신의 할 말을 하고 있음을 알 수 있다.

# 곽타타가 질문에 답했다 　•유종원

"나는 나무를 오래 살게 하고 번성하게 하지 못합니다. 그 저 나무의 천성에 따라 그 본성을 스스로 다하게 했을 뿐입니다. 무릇 땅에 심은 나무의 본성이라는 것은 그 뿌리는 뻗으려고 하고 그 북돋움은 고르기를 바랍니다. 흙은 옛날 것을 바라고 촘촘히 다져주길 원합니다. 그렇게 해놓은 다음에는 건드리지 않고 걱정도 하지 말고 떠나서 돌아보지 않아야 합니다.

심을 때는 자식처럼 하고 내버려둘 때는 버린 듯이 하면 천성이 온전해집니다. 그 본성이 제대로 되는 것입니다.

그렇기에 나는 나무가 자라는 것을 방해하지 않을 뿐이지, 그것을 크고 무성하게 하지 못합니다. 나무가 열매 맺는 것을 억누르거나 손상시키지도 않을 뿐입니다. 그것을 빨리 열매 맺게 한다거나 번성하게 하는 것이 아닙니다."

자연스러움을 알리는 글이다. 본성은 누구나 무성해지고 크게 되길 바라고 있으니 그걸 실천할 수 있게 돕는 것이 멘토의 역할임을 잘 말해주고 있다.

사마온 공이 말했다 •추적

재물을 모아 자손에게 물려주어도
자손이 다 지키지 못한다.
책을 모아서 자손에게 남겨주어도
그 자손이 다 읽지 못한다.
이 모든 것이 남몰래 덕을 쌓아서
자손들을 위한 계책으로 삼는 것만 같지 못하다.

명심보감은 고려 때 어린이의 학습을 위하여 중국 고전에 있는 금언(金言)·명구(名句)를 편집하여 만든 책이다. 그러나 그 내용은 오늘날 어른에게 적용해도 손색이 없다.

날이 어두웠다. 해저와 같은 밤이 오는 것이다.

나는 자못 이상하다. 가만히 생각해보면 나는 배가 고픈 모양이다. 이것이 정말이라면 그럼 나는 어째서 배가 고픈가. 무엇을 했다고 배가 고픈가. 자기 부패 작용이나 하고 있는 웅덩이 속을 실로 송사리 떼가 쏘다니고 있더라. 그럼 내 장부(臟府) 속으로도 나로서 자각할 수 없는 송사리 떼가 진동하고 있나 보다. 아무렇든 나는 밥을 아니 먹을 수는 없다.

밥상에는 마늘장아찌와 날된장과 풋고추조림이 관성의 법칙처럼 놓여 있다. 그러나 먹을 때마다 이 음식이 내 입에, 내 혀에 다르다. 그래서 나는 그 까닭을 설명할 수 없다. 마당에서 밥을 먹으면 머리 위에서 그 무수한 별들이 야단이다. 저 것은 또 어쩌라는 것인가. 내게는 별이 천문학의 대상이 될

수 없다. 그렇다고 시상의 대상도 아니다. 그것은 다만 향기도 촉감도 없는 절대 권태에 도달할 수 없는 영원한 피안이다. 별조차 이렇게 싱겁다.

저녁을 마치고 이렇게 나와 보면 집집에서는 모깃불의 연기가 한창이다. 그들은 마당에서 멍석을 펴고 잔다. 별을 쳐다보면서 잔다. 그러나 그들은 별을 보지 않는다. 그 증거로 그들은 멍석에 눕자마자 눈을 감는다. 그리고는 눈을 감자마자 쿨쿨 잠이 든다. 별은 그들과 관계없다. 나는 소화를 촉진시키느라고 길을 왔다갔다한다. 돌칠 적마다 멍석 위에 누운 사람의 수가 늘어간다. 이것이 시체와 무엇이 다를까. 먹고 살줄 아는 시체. 이런 실례로운 생각을 정지해야겠다. 그리고 나도 가서 자야겠다.

방에 돌아와 나는 나를 살펴본다. 모든 것에서 절연된 내 생활. 자살에 단서조차 찾을 길이 없는 지금의 내 생활은 과연 권태의 극권태(極倦怠) 그것이다.

그렇건만 내일이란 것이 있다. 다시는 날이 샐 것 같지도 않

은 밤 저쪽에 또 내일이라는 놈이 한 개 버티고 서있다. 마치 흉맹한 형리처럼. 형리를 피할 수 없다. 오늘이 되어버린 내일 속에서 또 나는 질식할 만치 심심해야 되고 기막힐 만치 답답해해야 한다. 그럼 오늘 하루를 나는 어떻게 지냈던가. 이런 것은 생각할 필요가 없으리라.

그냥 자자.

자다가 불행히 – 아니 다행히 깨거든 최 서방의 조카와 장기나 또 한판 두지. 웅덩이에 가서 송사리를 볼 수도 있고, 몇 가지 안 남은 기억을 소처럼 반추하면서 끝없는 나태를 즐기는 방법도 있지 않으냐.

불나비가 달려들어 불을 끈다. 불나비는 죽었든지 화상을 입었으리라. 그러나 불나비라는 놈은 사는 방법을 아는 놈이다. 불을 보면 뛰어들 줄도 알고 평상에 불을 초조히 찾아다닐 줄도 아는 정열의 생물이니 말이다. 그러나 여기 어디 불을 찾으려는 정열이 있으며 뛰어들 불이 있느냐! 없다. 나에게는 아무것도 없고, 아무것도 없는 내 눈에는 아무것도 보이

지 않는다.

암흑은 암흑인 이상 이 좁은 방 것이나 우주의 꽉 찬 것이나 분량상 차이가 없으리라. 나는 이 대소 없는 암흑 가운데 누워서 숨 쉴 것도 어루만질 것도 또 욕심나는 것도 아무것도 없다. 다만 어디까지 가야 끝이 날지 모르는 내일. 그것이 또 창밖에 등대하고 있는 것을 느끼면서 오들오들 떨고 있을 뿐이다.

시인이자 소설가인 이상은 우리나라 근대 최초의 융복합 인물이라 하겠다. 건축기사이면서 문인인 그의 이상은 식민지 현실에서 제대로 펼칠 수 없는 것이기에 이런 글이 나온 것이다.

# 명덕 •맹자

옛날에 밝은 덕을 온 세상에 밝히려고 하는 자는 이 순서대로 해야만 했다.

먼저 그 나라를 다스려야 했다.

나라를 다스리려고 하는 자는 먼저 집안을 바로 잡아야 한다.

그 집안을 바로잡고자 하는 자는 자신의 몸부터 닦아야 한다.

그리고 몸을 닦고자 하는 자는 먼저 마음을 바로 잡아야 하고, 그 마음을 바로잡고자 하는 자는 뜻을 성실하게 가져야 한다.

뜻을 성실하게 가진 자는 먼저 그 앎을 투철히 했다.

앎을 투철히 한다는 것은 사물을 구명함에 있는 법이다.

사물의 이치를 깨닫고 나서야 세상에 나갈 수 있는 순서를 정해놓은 글이다. 동양의 선비들은 대개 이런 순서와 생각을 가지고 자신을 연마했다.

3. 깨달음, 지혜와의 만남

# 우물가의 기적　●헬렌 켈러

　내 일생을 통틀어 잊지 못할 가장 중요한 날은 설리번 선생님이 우리 집에 오신 바로 그날이다. 1887년 3월 3일 내가 만 7살이 되기 석 달 전이었다. 그날 오후 웬일인지 집안이 떠들썩한 거 같았고 나는 문 앞에 나와 계단에 서있었다. 그러나 어떤 기적이 날 찾아오고 있는지 알 리는 없었다.

　누군가 펌프의 물을 뿜어 올리고 있었다. 선생님은 내 한 손을 물받이 밑에 놓고 차가운 지하수가 손바닥 위로 쏟아지게 한 다음에 다른 한 손에 천천히, 다음에는 빠르게 물(Water)이라는 글씨를 썼다. 나는 꼼짝도 못 하고 온몸의 신경을 선생님의 손가락 움직임에 집중했다. 별안간 나는 뭔지 잊어버렸던 생각이 기억난 것 같은 신비로운 전율을 느꼈다.

그 순간 나는 알았다. 한쪽 손에 닿는 차가운 물질이 다른 손에서 되풀이해서 쓰이는 Water라는 글씨 사이에 관계가 있다는 것. 바로 워터란 그 물질의 명칭이라는 것을 깨달았다. 방에 돌아온 나는 닥치는 대로 모든 물건이 생명을 가지고 움직인다는 것을 느꼈다. 아까 집어던진 인형이 생각나 산산이 조각난 부스러기를 찾아 맞추려고 애를 썼지만, 도저히 불가능했다. 돌(doll)이란 바로 이 귀여운 물건의 이름이었다. 나의 눈에는 눈물이 가득 괴었다. 나는 내가 한 짓을 깨닫고 비로소 후회와 슬픔으로 가슴이 아팠다.

눈에 보이지 않는 빛이 캄캄했던 가슴에 스며들었다. 물론 수많은 장애가 있었지만 여기서부터 하나의 영혼이 해방되기 시작한 것이다.

보지 못하고 듣지 못하고 말하지 못하는 헬렌 켈러가 이 세상의 의미와 기호를 이해하게 된 첫 장면을 그린 글이다. 우리가 보고 듣고 느끼는 오감을 지닌 것이 얼마나 큰 행복인지 알게 해주는 글이다.

# 현명한 사람　　•존 러스킨

　현명한 사람에게는 자기보다 높은 존재의 본성에 대해 이러쿵저러쿵 떠드는 것도, 자기보다 낮은 존재의 본성에 대해 그렇게 하는 것도 어울리지 않는다.

　인간이 자기보다 높은 존재를 다 알 수 있다고 생각하는 것은 지나친 오만이다. 자기보다 낮은 존재에 모든 관심을 기울일 수 있다고 생각하는 것은 지나친 굴욕이다.

　자신의 영원한 상대적 위대함과 왜소함을 인정하는 것, 신에 다다를 힘은 없지만, 신에게 복종함에 만족하는 것. 자기보다 낮은 생물을 사랑과 자비로 대하고, 그 동물적 욕망을 가지지 않고 그것을 모방하지 않는 것. 그것이 신에 대해서는 경건함이고 그 피조물에 대해서는 선량함이며, 자기 자신에 대해서는 현명함이다.

러스킨은 작가이자 화가로서 많은 작품을 남겼다. 재능이 뛰어나 당대 예술평단의 일인자였지만, 어느 순간 사회경제적 모순을 보고 사회사상가로 변모했다. 변화를 두려워하지 않는 지식인의 참모습이라 할 수 있다.

# 인간의 무지  •파스칼

인간에게는 세상에서 일어나고 있는 모든 일을 알고 모든 것을 이해할 힘이 없다. 따라서 많은 현상에 대한 우리의 판단이 정확하다고 할 수는 없다.

인간의 무지에는 두 종류가 있다.

하나는 태어나면서부터의 순수하고 자연스러운 무지이며, 또 하나는 이른바 진정한 현자만이 도달하는 무지이다.

모든 학문을 다 익히고 동서고금의 모든 지식을 섭렵한 사람들은, 그 모든 지식을 다 합쳐도 지극히 보잘것없다는 것을 안다. 그것으로 신의 세계를 진정으로 이해하는 것은 불가능하다는 것도 안다.

결국, 학자들도 본질에서는 학문을 배우지 않은 보통 사람과 마찬가지로, 실은 아무것도 모른다는 것을 확신하게 될 것

이다.

반면에 세상에는 이것저것을 조금씩 공부하여 학문의 거죽만 핥고도 대단한 학자인 양 함부로 떠들고 다니는 사람들이 있다. 이런 사람은 인간 본래의 무지에서는 벗어났을지 모르지만, 모든 지식이 불완전하고 보잘것없음을 깨달은 학자의 진정한 예지에는 미치지 못한다.

이렇게 스스로 지식인임을 내세우는 자들이 바로 혹세무민하는 자들이다. 그들은 모든 것에 대해 자신만만하게 경솔한 판단을 내리며 끊임없이 실수만 저지른다. 또 교묘하게 사람들을 현혹해 종종 그들을 존경하는 사람들이 나타나지만, 일반 민중은 그들의 허황됨을 알고 경멸한다.

그리고 그것에 대한 보복으로 그 지식인들은 일반 민중을 무지몽매한 무리라며 경멸하는 것이다.

진정한 지식이 아닌 사이비 지식으로 세상을 어지럽히는 자들은 어느 시대에나 있었던 것 같다. 파스칼 역시 그 현상을 무지한 인간의 속성으로 파악했다.

# 인류의 교육　　●마치니

　인류는 영원히 배우는 인간과 같다.

　개개의 인간은 죽어가지만, 그들이 지금까지 사색을 거쳐 도달한 진리와 그들이 토로한 진실은 함께 사라지지 않는다.

　인류는 그 모든 것을 간직하고 있다. 한 사람 한 사람이 죽은 자의 무덤에서 조상이 획득한 것을 꺼내어 이용할 수 있다. 우리 개개인은 이전에 살았던 인류가 쌓아온 신앙의 세계 속에 살아가는 것이며, 또 개개인은 무의식중에 후손의 삶을 위해 다소나마 가치 있는 것을 남긴다.

　인류의 교육은, 그 옆을 지나가는 사람이 누구나 돌을 하나씩 쌓아 올리는 동양의 돌탑처럼 완성되어 간다. 이 세상에 잠시 머물다가는 우리는, 다른 세상에서 자신의 교육을 완성하기 위해 부름을 받고 이 세상을 떠나지만, 인류의 교육은 비록 느려도 끊임없이 진행되고 있다.

이탈리아 통일의 역군이다. 분열되어있던 이탈리아의 피에몬테 정부와 그 뒤의 이탈리아 정부를 끊임없이 독려해 근대 이탈리아를 건설하는 역할을 했다. 교육을 통해 인류 문명이 개선됨을 설파했다.

# 인격의 독립과 자유　●임마누엘 칸트

시민들이 자기 자신을 스스로 계몽하는 일은 가능하다.

시민들에게 자유를 주기만 하면 반드시 그렇게 된다. 이때는 시민의 보호자 역할을 하는 자 가운데서도 자주적으로 생각하는 사람이 몇 명은 있다. 그들은 유아 상태의 속박을 스스로 끊어버리고 모든 사람은 누구나 고유한 존엄성을 지니고 있다는 사실과 사람마다 자기의 오성을 사용해서 생각한다는 사실을 널리 알린다.

그런데 여기서 주목할 점이 있다. 시민 가운데는 유아 상태의 속박을 계속 받고 싶어 하는 사람이 있다는 사실이다. 다시 말해 처음에는 보호자에 의해서 속박을 당하고 있다가 스스로 보호자를 강요해서 속박당하려고 한다는 것이 사실이다.

진실로 선입관을 갖고 있다는 것은 대단히 위험하다.

결국, 그 대가는 당초에 선입관을 가진 사람들에게 돌아오기 때문이다. 시민들이 자기의 오성을 자극해서 계몽을 이루는 일은 매우 천천히 이루어진다. 역사에서 가끔 벌어지는 혁명도 그것이다.

　혁명으로 전제정치의 압제에서 벗어날 수는 있지만, 사람들이 보고 느끼며 생각하는 방식에는 개혁이 결코 이루어지지 않고 새로운 선입관이 나타나 다시 시민을 이끌어가는 것이다. 이것은 예전과 다름이 없다.

칸트는 가장 위대한 철학자 가운데 한 사람이다. 그가 동네를 산책하는 모습에 이웃이 시각을 알 만큼 시간 관념이 철저한 것으로 유명했다. 그리고 패션 센스도 대단히 뛰어났다고 한다.

# 과학을 향한 길 •레오나르도 다빈치

지혜는 경험의 딸이다.

법칙을 세우기 전에 여러 번 그것을 실험해보고 그 실험이 동일한 결과를 만드는지 관찰해라.

연구자 여러분, 다만 상상력으로 자연과 인간 사이에 통역자가 되려는 자들을 믿지 마라. 눈에 드러나는 껍데기가 아니라 그 경험에서 나온 결과에 의해 자신의 분수를 알게 된 사람들을 믿어라. 그리고 경험이라는 것은 본질을 모르는 사람들을 속이는 경우가 있다는 것을 알아야 한다. 왜냐하면, 똑같다고 생각되는 것이 실은 완전히 다른 경우가 왕왕 있기 때문이다.

이론이 있는데 경험으로 확증하지 않은 사색가의 가르침을 피해라.

한 발 더 앞으로 나아가기 전에 우선 실험을 해야 한다. 왜냐하면 나의 뜻은 실험을 먼저 해본 다음에 어째서 그 실험이 이처럼 작용할 수밖에 없는가 하는 것을 이론에 의해서 증명해 보이는 데에 있다. 그리고 이 방법이야말로 자연의 현상을 탐구하는 사람이 지켜야 할 올바른 태도이다. 자연은 이론으로 시작해서 경험으로 끝난다. 우리는 그 과정을 거꾸로 밟아 올라가는 것이 필요하다.

즉, 앞에서 말하는 것처럼 실험으로 시작해서 그것에 의해 이론을 검증하는 것이 필요한 것이다.

레오나르도 다빈치의 스케치들은 당시 기술로 구현할 수 없지만 오늘날 보면 거의 천재적인 디자인이었다고 한다. 역사는 가끔 이런 천재의 광기어린 탐구 정신으로 발전한다.

# 생각하는 갈대　•파스칼

　사람은 자연 속에서도 가장 연약한 한 줄기 갈대이다.
　하지만 그것은 생각하는 갈대다. 이 갈대 같은 존재를 쓰러
뜨리려고 우주는 무슨 무장 따위를 할 필요가 없다. 바람이
쓱 한 번 불거나 물 한 방울이 툭 떨어져도 넉넉히 죽일 수
있다.

　하지만 우주가 사람을 쓰러뜨릴 때에도 사람은 자기를 죽이
는 자보다 한층 고귀할 수 있다. 왜냐하면 사람은 자기가 죽
는다는 것을 알 뿐만 아니라 우주가 인간에 비해서 우월하다
는 것도 알고 있기 때문이다.
　그런데 우주는 그것에 대해서 아무것도 모른다. 그러므로
인간의 존엄성은 바로 생각한다는 사실이다.

인간의 출발점은 바로 이것이다. 우리가 일어설 수 있는 것은 여기부터이다. 우리가 채울 수 없는 공간이나 시간이 아닌 것이다. 그러므로 우리는 생각을 잘하도록 애써야 한다. 거기에 도덕의 근원이 있다.

생각하는 갈대, 나는 나의 존엄성을 공간으로 확대시키는 데에 그치지 않고 생각한다는 데서 구한다. 내가 아무리 많은 땅을 가졌더라도 그것으로 내 존재가 더 커질 수 없다. 우주는 공간에 의해 나를 감싸고 하나의 점으로 나를 삼킬 것이다. 그것에 대항하여 나는 생각으로써 우주를 붙잡는다.

파스칼을 흔히 철학자로 알지만 그는 수학자로서 근대 확률이론을 창시했다. 압력에 관한 원리(파스칼의 원리)를 체계화해서 요즘도 일기예보에서 태풍이 불어올 때면 그 기압의 단위가 헥토파스칼(1파스칼의 100배)이다.

# 제 4장

## 노력, 끝없는 자신과의 싸움

# 입지장   ●이이

    처음에 배우는 사람은 먼저 모름지기 뜻을 세워 반드시 성인으로서 스스로 기약해야 한다.

    추후라도 자신을 적게 여겨 핑계 대려는 생각이 있어서는 안 된다. 대개 보통 사람도 그 본성은 성인과 같다. 비록 기질은 맑고 흐림과 순수하고 잡됨이 없지 않지만 진실로 참되게 알고 실제로 밝아서 구습을 버리고 본성을 회복한다면 털끝만큼 보태지 않아도 온갖 선이 갖춰질 것이다. 보통 사람이 어찌 성인이 되겠노라 결심하지 않겠느냐.

    그러므로 맹자가 모든 사람의 성질이 선하다는 것을 말하되 말씀마다 요순을 들어 증거하였다.

    "사람이면 모두 요순이 될 수 있다."

    인성은 본래 착하여 예나 지금이나, 어리석거나 지혜롭거나

4. 노력, 끝없는 자신과의 싸움

구별이 없거늘 성인은 왜 혼자 성인이고 나는 왜 이 모양인가. 진실로 뜻을 세우지 못하여 아는 것이 밝지 못하고 행한 것이 진실하지 않기 때문이다.

뜻이 서고 아는 것을 밝혀 행하기를 독실하게 하는 것은 모두 나에게 있는 것이니 어찌 다른 곳에서 구할 것인가.

사람의 얼굴은 못생긴 것을 곱게 만들 수 없고 약한 사람을 강하게 만들지 못하며 키 작은 사람을 키 크게 하지 못한다. 이것은 이미 정해진 분수라 고칠 수 없다.

오히려 마음이 어리석음을 고쳐 지혜로 만들 수 있고, 불초함을 변하여 현명하게 될 수 있으니 이것이 마음의 허령한 것을 풍수에 관계지지 않은 까닭이다.

대개 아는 것보다 좋은 것이 없고, 현명한 것보다 귀한 것이 없다. 무엇이 괴로워서 현명하고 아는 것이 되지 아니하여 하늘이 내려주신 본성을 손상시키겠느냐. 사람이 뜻을 가져 굳이 물러가지 않으면 도에 서도록 하리라.

4. 노력, 끝없는 자신과의 싸움

사람들이 스스로 입지하였다고 이르면서 힘쓰지도 않고, 어물쩍거리며 기다리는 자는 말로는 입지라고 하지만, 실은 공부할 마음이 없다.

진실로 나의 뜻이 학문에 있으면 인을 하는 것이 나에게 있는 것이다. 하려고만 하면 되는데 왜 남에게 구하며 나중에 하겠다고 하는가? 뜻을 세우기가 귀하다는 것은 공부를 시작하여 생각이 물러나지 않는 때문인데 만일 뜻이 정성스럽지 못하여 이럭저럭 날을 보내면 죽을 때까지 성취를 할 수 없다.

이이의 《격몽요결》에 나오는 글이다. 가장 먼저 뜻을 세우는 것이 학문의 시작임을 말하고 있다. 목표 없는 인생이 방황하는 것과 같은 이치다.

4. 노력, 끝없는 자신과의 싸움

# 등산설(登山說)  •강희맹

"저는 다리 불편한 것을 생각하고 걸음이 기우뚱거릴 것을 알고 있습니다. 바로 길을 하나 찾아서 멈추지 않고 걷는다 해도 해낼까 말까 의심스럽습니다. 그러니 어느 겨를에 옆으로 가거나 경치를 구경하면서 갈 수 있겠습니까. 혼신의 힘을 다해 조금이라도 오르고 또 올라 쉬지도 않고 가다 보니, 어느 순간 '정상이오.' 하였습니다.

하늘을 보니 해가 곧 잡힐 것 같고 아래로 내려 보니 숲이 울울창창해서 끝이 보이지 않았습니다. 산은 봉해 놓은 것 같고 골짜기는 주름진 듯했습니다. 바다에 지는 해는 잠기고 산 아래가 까맣게 어두워져 저녁이 되었습니다.

옆을 보니 별들이 서로 빛나 손금을 볼 수 있을 정도로 훤했습니다. 정말 흥미진진했습니다. 누워서 잠들 사이도 없이 꿩

과 새가 우는데 곧 동쪽이 밝아오고 검붉은 빛이 바다에 깔리다가 금빛 물결이 하늘로 마구 솟구쳤습니다. 붉은 봉황과 금구렁이가 그 사이에서 뒤엉키는 것만 같았습니다. 시뻘건 바퀴가 구르고 굴러 오르고 내리더니 눈 깜박하는 사이에 해가 공중으로 튀어 오르는데 볼만했습니다."

아비는 말했다.
"너희가 그랬을 것으로 알고 있다. 자로(子路)의 용맹함과 염구(冉求)의 재주로도 공자의 담장에조차 도달하지 못하였다. 증자(曾子)가 오히려 우둔함으로써 도를 얻었으니 너희는 알아두어라. 덕을 쌓는 순서와 출세하는 데에는 무릇 낮은 데에서부터 높은 곳으로 올라가는 법이다. 아래에서부터 위로 올라가지 않는 것이 없다.

그렇기에 힘만 믿고 스스로 한계를 두지 말고, 힘을 게을리 하여 스스로 포기하지 않으면 다리를 저는 사람이 스스로 힘쓰는 것과 거의 같게 될 터이니 소홀히 하지 마라."

자만하지 말고 학문의 길을 차근차근 밟아가라는 경계의 글이다. 다리가 불편한 사람의 비유를 통해 검손하게 묵묵히 길을 가다보면 목표를 이룬다는 가르침을 담고 있다.

4. 노력, 끝없는 자신과의 싸움

# 먹[墨]에 대하여　•이인로

　문방사보(文房四寶)는 '붓[筆]·벼루[硯]·종이[紙]·먹[墨]'으로 선비와 가까운 벗인 동시에 보배로운 재산이다.

　그중에서도 먹을 만드는 일이 가장 어렵다. 그럼에도 서울이란 곳은 모든 보배로운 물건이 다 모인 곳이다 보니 먹 같은 것도 구하기가 쉽다. 그래서인지 서울 사람들은 먹이 귀한 줄 모르고 헤프게 써버리기 일쑤다.

　내가 맹성(孟城)의 원으로 나가 있을 때의 일이다. 도독부(都督府)에서 먹 5천 개를 만들어 올리라는 공문을 받았다. 늦어도 봄까지는 바쳐야 한다고 기한이 정해져 있었다.

　급히 먹을 만드는 곳으로 달려가서 백성들을 다그쳐서 송연(松烟) 1천 말을 채취하게 하고, 우수한 기술자들을 모아 내가 직접 감독하고 격려해서 두 달 만에 모든 일을 마쳤다.

옷은 말할 것도 없고 얼굴을 비롯한 몸 전체가 온통 검정 그을음으로 완전히 새까만 사람이 되어버렸다. 그래서 다른 곳으로 옮겨가서 옷을 빨고, 몸을 구석구석 씻어야 했다. 그렇게 오랫동안 닦고 또 닦은 끝에야 원래대로 돌아올 수 있었다.

그런 일이 있고 나서부터 먹을 보면 비록 한 치도 안 되는 토막이라고 해도 천금처럼 귀중하게 여겨져서 감히 소홀하게 다룰 수가 없었다. 이러한 체험이 있고 난 뒤에는 한 장의 종이, 한 대의 붓, 하나의 벼루 같은 것이 모두 먹과 마찬가지로 힘겨운 과정을 거쳐 만든 것이라고 생각하게 되었다.

당나라 이신(李紳)은 민농시(閔農詩)에 이렇게 읊었다.
"쟁반 위의 밥은 알알이 모두 고생의 결정임을 그 누가 알리오."
옛사람들은 이를 진실로 어진 자의 말이라고 했다.

노동의 중요성을 설파하고 있는 글이다. 노동의 소중함을 통해 물자의 소중함과 아껴 쓸 것을 권장한다.

4. 노력, 끝없는 자신과의 싸움

# 스스로 경계하는 글    ●이색

　내 나이 쉰. 이 가을 9월 첫째 날에 나 자신을 경계하는 글을
짓노라. 아침저녁으로 이걸 보고 스스로 힘쓰기 위해서이다.


　가까운 듯하지만 멀리 있는 것이 있다.
　얻은 줄 알았는데 잃은 것도 있다.
　그러나 간혹 멀리 있던 것이 가까워지고
　잃어버렸던 것이 되돌아오기도 한다.


　너무 멀어 손이 닿지 않는 것도 있다.
　너무 밝아서 보지 못하는 것도 있다.
　그렇지만 밝은 것은 이내 어두워지고
　멀리 있는 것은 가까이 오기도 한다.
　장차 멈추려고 해도 그러지 못하는 것이 있다.

4. 노력, 끝없는 자신과의 싸움

힘이 필요할 때 힘이 모자라기도 한다.
이럴 때는 스스로 자책하고 부끄러워해야 한다.

쉰 살의 나이에 잘못 살았음을 안 사람이 있다.
나이 아흔 살에 자신을 경계하는 시를 지은 사람도 있다.
다 스스로 힘쓴 사람들이다.

숨 한번 쉴 동안에도 게으른 적이 없었다.
힘쓰고 힘써야 한다.
자포자기하는 자는 그 누구란 말인가.

가장 늦었을 때가 가장 빠른 때라고 한다. 죽는 날까지 최선을 다해 노력하라는 경계의 뜻을
담고 있다.

4. 노력, 끝없는 자신과의 싸움

# 감옥에서 어머님께 　•심훈

어머님!

우리가 천 번 기도를 올리기로서니 굳게 닫힌 옥문이 저절로 열릴 리는 없겠지요. 우리가 아무리 목을 놓아 울며 부르짖어도 크나큰 소원이 하루아침에 이루어질 리도 없겠지요. 그러나 마음을 합치는 것처럼 큰 힘은 없습니다. 한데 뭉쳐 행동을 같이하는 것처럼 무서운 것은 없습니다. 우리는 언제나 그 큰 힘을 믿고 있습니다. 생사를 같이할 것을 누구나 맹세하고 있으니까요. 그러기에 나이 어린 저까지도 이러한 고초를 그다지 괴로워하여 하소연해본 적이 없습니다.

어머님,

어머님께서는 조금도 저를 위하여 근심하지 마십시오. 지금 대한에는 우리 어머님 같으신 어머니가 몇천 분이요 또 몇만

4. 노력, 끝없는 자신과의 싸움

분이나 계시지 않습니까. 그리고 어머님께서도 이 땅에 이슬을 받고 자라나신 공로 많고 소중한 따님의 한 분이시고, 저는 어머님보다도 더 크신 어머님을 위하여 한 몸을 바치려는 이 땅의 사나이외다.

어머님,
생각하면 생각할수록 아프고 쓰라렸던 지난날의 모든 일을 큰 모험 삼아 몰래몰래 적어 드는 이 글월에 어찌 다 시원스레 사뢸 수 있사오리까. 이제야 겨우 가시밭길을 밟기 시작한 저로서, 어느새부터 이만 고생을 호소할 것이오리까. 오늘은 아침부터 장대같이 쏟아지는 비에 더위가 씻겨내리고, 높은 담 안에 시원한 바람이 휘돕니다. 병든 누에같이 늘어졌던 감방 속의 여러 사람도, 하나둘 생기가 나서 목침돌림 이야기에 꽃이 핍니다.

어머님,
며칠 동안이나 비밀히 적은 이 글월을 들키지 않고 내어보낼 궁리를 하는 동안에 비는 어느덧 멈추고 날은 오늘도 저물

어갑니다. 구름 걷힌 하늘을 우러러 어머님의 건강을 빌 때, 비 뒤의 신록은 담 밖에 아름답사온듯, 먼 촌의 개구리 소리만 철창에 들리나이다.

(삼일운동으로 옥에 갇혀서 어머니에게 보낸 편지)

심훈이 최초로 구금되어 쓴 편지다. 식민지 조선에서 의식을 가진 청년이 감옥에 들어감을 오히려 자랑스러워하고 있다. 그의 이런 민족애가 《상록수》라는 작품을 낳게 한 것이다.

## 논어 수리 편 •공자

애쓰지 않으면 깨우쳐주지 않는다.
애를 태우지 않으면 일깨워주지도 않는다.
한 모퉁이를 들어 나머지 세 모퉁이를
스스로 깨닫지 못한다면 다시 일러주지 않는다.

배움은 남의 가르침보다 스스로 노력함에 있는 것을 말하고 있다. 간절히 배움을 원하고 스
스로 깨우치려 애를 써야 한다는 것을 공자는 이미 많은 후학 양성을 통해 알고 있었다.

# 아들 부가 장안성 남쪽에서 책을 읽음 •한유

둥글거나 모나게 나무를 깎는 것은 가구나 집 수레를 만드는 목수에게 달렸다. 사람이 사람답게 됨은 배 속에 글이 들어 있는가에 달려있다. 글은 부지런하면 곧 자기 것이 되고 그렇지 못하면 배 속이 텅 비게 되느니라.

배움의 힘을 알고자 한다면 어진 이와 어리석은 이가 처음 나올 때 같았다는 것을 알아야 한다. 배우지 못함으로 말미암아 들어간 문이 달라지는 것이니 두 집에서 각자 아들을 낳았다 치면, 아기일 때는 매우 비슷하나 약간 자라 모여 놀 때도 같은 무리의 물고기와 다를 바 없다. 나이 열두 살이 되면 두각이 달라지고, 스무 살이 되면 점점 벌어져 맑은 냇물과 더러운 개천의 속이 비치는 것이 다른 것처럼 된다.

서른 살, 뼈대가 커지면 하나는 용, 하나는 돼지처럼 되는 법이다. 용마는 쏜살처럼 달려 두꺼비 따위를 돌아볼 수가 없다. 한 사람은 말 앞에 졸개가 되어 채찍 맞은 등에 구더기가 생기고, 한 사람은 삼공이나 재상이 되어 고래 등 같은 집 안에 산다.

이는 어찌된 연고일까? 배운 것과 배우지 않은 것 그 차이 때문이다. 금이나 구슬이 소중한 보배라지만 쓰기 위해 간직하는 것도 쉽지가 않다. 학문이란 것은 몸에 간직하는 것이라 사용해도 늘 남아 있다. 군자와 소인은 부모와 관련된 것이 아니다. 삼공과 재상이 농민에서 나왔다는 사실을 보았지 않은가. 삼공의 후손이 헐벗고 굶주리고 노새도 없이 쫓겨나는 것을. 그러니 어찌 학문이 귀하지 않겠느냐.

문장이 경서의 가르침을 익히는 것은 농사짓는 밭과 같은 것이다. 고여있는 빗물은 샘이 없어 아침엔 가득해도 저녁엔 없어진다. 인간이 고금에 통달하지 못하면 소나 말이 옷을 입은 셈이다. 자신의 행동이 옳지 않은 것에 빠지고도 어찌 많

4. 노력, 끝없는 자신과의 싸움

은 명예를 바라겠나. 철은 가을이라 장맛비가 그치고 산뜻한 기운이 들판과 동네에 일어나는구나. 등불을 친하게 할 수 있고, 책을 펼칠 수 있게 되었다. 어찌 아침저녁으로 유념하지 않을 수 있겠느냐.

당송팔대가인 한유가 아들에게 주는 글이다. 근면 성실하게 늘 책을 가까이하고 최선의 노력을 다하라고 일깨워주고 있다.

# 이사 열전 • 사마천

작은 흙덩어리 하나도 거부하지 않았기에
태산은 크게 되었다.
가느다란 물줄기도 거부하지 않았기에
황하와 바다는 깊어질 수 있었다.

몹쓸 궁형을 당한 사마천. 그에게 그런 아픔이 있었기에 《사기》라는 걸출한 저작을 쓸 수 있었다. 어쩌면 이는 그 스스로 태산과 황하 같은 사람이 되고자 노력했기 때문은 아닐까.

4. 노력, 끝없는 자신과의 싸움

# 출사표(出師表)  •제갈량

선제(先帝)께서 왕실 부흥에 앞장서신 지 얼마 지나지 않아 세상을 떠나시고, 이제 천하는 셋으로 나뉘어 익주(益州)가 피폐하니, 이는 진실로 위급한 일로 존망을 다투는 때입니다.

그러나 모시는 신하가 안에서 게을리하지 않고 충성스러운 무사가 밖에서 몸을 돌보지 않는 것은 대개 선제의 특별한 대우를 추모하여 이것을 폐하에게 갚고자 하는 것입니다. 진실로 마땅히 성스러운 귀를 크게 여시어 그로써 선제의 유덕을 밝게 하며 뜻있는 사람의 기개를 크게 넓히도록 하소서. 함부로 자신을 가벼이 하시어 비유를 들어 변명하여 도리를 잃어 그로써 충간(忠諫)의 길을 막는 것은 옳지 못합니다.

궁중(宮中)과 부중(府中)이 하나로 한 몸이 되니, 선과 악을 상 주고 벌 주는 것에 다름이 있어서는 안 됩니다. 만일 간사

4. 노력, 끝없는 자신과의 싸움

한 짓을 하거나 죄를 범한 사람과 충성스럽고 착한 사람이 있거든 마땅히 담당관리에 넘겨 그 상벌을 따지고 결정하여 폐하의 공평하고 올바른 다스림을 받게 할 것이요, 사사로움에 치우쳐서 안과 밖에서 법을 달리해서는 안 됩니다.

신은 본래 삼베옷에 몸소 남양(南陽)에서 밭을 갈며 구차하게 생명을 난세에 보전하고 명성과 벼슬을 제후들에게 구하지 않았더니, 선제께서 신을 비천하다 하지 않고 외람되게도 스스로 몸을 굽히시어 세 번이나 신을 초려(草廬) 가운데 돌아보시고 신에게 당시의 일을 자문하시니, 이로 말미암아 감격하여 드디어 선제께 신명을 다하기로 하였습니다. 뒤에 나라가 기울고 전복되는 어려움을 만나서 패전한 즈음에 막중한 임무를 받고 위난(危難)의 사이에서 명령을 받든 것이 이십하고도 일 년이 되었습니다.

선제께서 신의 근신함을 알고 돌아가시면서 신에게 대사(大事)를 맡기셨습니다. 명을 받은 이래로 밤낮으로 근심하고 탄식하며 부탁하신 것이 효과가 없어 그로써 선제의 밝음을 상

4. 노력, 끝없는 자신과의 싸움

할까 두려워하였습니다.

그러므로 오월에 노수(瀘水)를 건너 불모의 땅에 깊이 쳐들어가니, 이제 남방이 이미 평정되었고 병기와 갑옷도 이미 충족하게 되었으니, 마땅히 삼군을 이끌고 북쪽 중원(中原)을 평정해야 할 것이고, 저의 아둔함을 다해 간사하고 흉악한 사람을 물리쳐 없애고 한(漢) 왕실을 회복시켜 옛 도읍으로 돌아가게 하리니, 이것은 신이 선제께 보은하고 폐하께 충성을 다하는 직분이요, 손해와 이익을 짐작하고 나아가 충언을 다함은 시중과 시랑의 책임입니다.

원컨대 폐하께서는 도적을 토벌하고 나라를 회복시키는 일을 신에게 맡기십시오.

공훈이 없으면 곧 신의 죄를 다스려 그로써 선제의 영전에 고하시고, 만일 덕을 일으키는 말이 없거든 시중과 시랑의 허물을 꾸짖으시어 그로써 그 태만함을 밝히시며, 폐하도 또한 마땅히 스스로 도모해 그로써 올바른 길을 물어 상의하시고 바른말을 살펴 받아들여 깊이 선제의 유언을 좇으소서.

4. 노력, 끝없는 자신과의 싸움

신이 은혜를 받은 감격을 이기지 못한지라 이제 멀리 떠남에 상소문을 올리려니 눈물이 흐르며 울음이 북받쳐 아뢸 바를 알지 못하겠습니다.

천하통일을 위해 출정하며 쓴 명문장이다. 그러나 그러한 지속되는 전쟁의 역사 속에 과연 민초는 어떠하였을지 곱씹게 한다. 중국의 역사는 끝없는 전쟁의 역사였다.

4. 노력, 끝없는 자신과의 싸움

# 황금의 나라 •스티븐슨

　당신은 책을 집필하거나 실험을 하고, 여행을 떠나거나 혹은 재산을 모으기 위해 뛰어다니느라 일에 끝이 없다. 문제 하나를 해결하면 또 다른 문제가 생긴다. 이렇다 하게 똑똑해지지도 않고 꿈에서 본 형상을 실제로 만들어내지도 못한다. 만에 하나 당신이 신대륙을 발견하거나 산맥 하나를 넘었다 할지라도 다시 그 앞에 또 다른 바다나 또 다른 평원이 나타나는 법.

　결국, 우주는 한없이 크다는 뜻이다. 당신이 아무리 성실하고 근면해도 우주를 구석구석까지 다 돌아다닐 수는 없다. 칼라일의 작품처럼 쉬이 끝이 나지 않는다.
　기본의 역사책처럼 언젠가 탈고가 되지도 않는다.

4. 노력, 끝없는 자신과의 싸움

알렉산더 대왕은 세계가 얼마나 큰지에 대해서 중대한 착각을 하고 있었다. 우주는 고사하고 그 조그마한 한쪽 귀퉁이에서. 당신이 사는 그 동네 그 마당에서도 날씨와 계절은 매우 교묘하게 변화를 일으키고 있어서 한평생을 바쳐 눈을 부릅뜨고 관찰하더라도 여전히 당신을 놀라게 하거나 기쁨을 주는 그 무언가를 찾을 수 있다.

인간이여! 부지런한 당신의 손. 피로를 모르는 당신의 발로 인생의 길을 계속 나아가라. 어디까지 가면 저녁노을을 배경으로 해서 황금의 제국 첨탑이 눈앞에 나타날 것이라는 희망을 품고.

인생이라는 험한 여정에 도전 정신이 얼마나 필요한지 역설하고 있다. 인간 삶의 불확실성에서 뭔가 보람을 찾을 거라는 희망을 놓지 말 것을 당부한다.

4. 노력, 끝없는 자신과의 싸움

유언 **끊임없이 연습하라** •오귀스트 로댕

 

 

자신을 마띠에르(재료)와 친하게 하라. 예술이란 감정일 뿐이다. 그러나 볼륨과 균형과 색채의 기교가 없이 손재주만 있다면 가장 예민하고 발랄한 감정도 그만 무기력해지고 말 것이다.

끈기를 가져라. 영감 따위에 기대지 마라. 영감이라는 것은 있지도 않다. 예술가의 유일한 특징은 미래를 내다보는 것이며 관찰하는 것이며 성실이며 의지이다. 그대들의 작업을 마치 성실한 직공이 베를 짜듯 꾸준히 수행하라. 영원히 부딪쳐 오지 않을진대 그것은 진실이 아니다. 깊고 의연하며 성실해라. 그대들이 느끼는 바가 비록 세상 일반의 관용의 이념과 반대일 때가 있더라도 그 발표를 주저해서는 안 된다.

4. 노력, 끝없는 자신과의 싸움

그대의 고립은 머지않아 끝난다. 왜냐하면, 한 사람에게 진실인 것은 모든 사람에게 진실이기 때문이다. 대중을 내 편으로 끌어들이겠다고 가식적으로 웃거나 우스꽝스러운 몸짓은 하지 마라. 솔직하고 순진해져라. 정당한 비판은 환영하면 되고, 부당한 비판에는 신경 쓸 필요 없다. 세속적이거나 정치적인 관계를 맺기 위해서 시간을 뺏기지 마라. 그대들의 사명을 열정적으로 사랑해라. 자기의 사명을 사랑하는 것보다 더 아름다운 것은 없느니라. 그것은 대중이 생각하는 것보다 훨씬 높은 차원이다.

예술의 완성은 결국 끝없는 노력이다. 연습이 천재를 만든다는 말은 그래서 나온 것이다. 로댕은 노력과 열정을 넘어서 시간 절약까지 이야기하고 있다.

4. 노력, 끝없는 자신과의 싸움

# 이성의 선도　　•데카르트

　이성은 이 세상에서 가장 공평하게 분배되고 있다.
　왜냐하면, 사람은 누구나 그걸 많이 가지고 있다고 생각하고 있으며, 다른 것에 대해서는 부족함을 느끼는 사람도 이성에 대해서만은 더 이상 바라지 않는 것이 보통이다. 그리고 이 점에 대해서 설마 모든 사람이 착각하고 있을 리는 없다. 오히려 그것은 다음과 같은 사실을 입증해주고 있다.

　즉 올바르게 판단을 내리고 진실과 거짓을 구별하는 이성이 모든 사람에게 태어날 때부터 동등하다는 사실이다. 따라서 우리의 생각이나 의견이 각양각색인 것은 어떤 사람이 다른 사람보다 이성을 많이 가지고 있어서 그런 것이 아니다. 다만 우리의 생각이 다른 길을 따라서 나아가고 있기 때문이다.
　또한, 생각하는 문제가 다르기 때문에 그렇게 된다는 사실

4. 노력, 끝없는 자신과의 싸움

이다. 그러므로 굳건한 정신을 가지고 있다는 것만으로는 충분하지 않다. 그 정신을 잘 사용한다는 게 중요하다.

예를 들어 사용 방법에 따라서 가장 큰 정신은 가장 큰 덕을 실행할 수 있다. 또한 동시에 가장 큰 악도 실행할 수 있다.

그리고 천천히 걸어가는 사람도 언젠가 길을 바로잡고 간다면 달려가는 사람이 다른 길로 빠지는 것보다 훨씬 더 앞으로 나아갈 수 있다.

우리에게 주어진 지식을 의심하고 나서 생각을 깊게 하면 새로운 지식과 방법이 생긴다고 주장한 데카르트. 오랜 생각 끝에 얻는 직관이 바로 올바른 지식임을 그는 이 글에서 설파한다.

# 기도 •타고르

위험에서 벗어나게 해달라고 기도하지 말게 하시고
위험에 처해도 겁내지 말게 해달라고 기도하게 하소서.

고통을 멎게 해달라고 기도하지 말게 하시고
고통을 이겨낼 용기를 달라고 기도하게 하소서.

생의 싸움터에서 함께 싸울 동료를 보내달라고 기도하게
하지 마시고
인생과 싸워 이길 내면의 힘을 갖게 해달라고 기도하게
하소서.

근심스런 공포에서 구원해달라고 기도하게 하지 마시고
스스로 자유를 찾을 인내심을 달라고 기도하게 하소서.

겁쟁이가 되고 싶지 않나이다.

도와주소서.


자신의 성공에서만 신이 자비롭다 생각하지 말게 하시고

거듭되는 실패 속에서도

신께서 내 손을 붙잡고 계신다는 것을 믿고 감사하게 하

소서.

타고르는 인도의 시인이자 사상가이다. 시집 《기탄잘리》로 1913년 노벨 문학상을 받았다.
인도의 근대화와 동서 문화를 융합하는 데 힘썼다.